Увлеченность искусством

Очерки искусства с русскими корнями

Виталий Мильман

СОДЕРЖАНИЕ

Благодарность

Я хочу выразить бесконечную признательность и
благодарность
Людмиле Мильман за заботу обо мне,
Яну Раухваргеру за искреннюю дружбу и советы по всем
вопросам, связанным с искусством,
Вере Кен за редактирование текста и его корректорскую
правку,
Татьяне Петровой за помощь в работе с файлами,
Тане Премингер за помощь в создании этой книги и
Алексу Сегалу за ознакомление меня с системой
Google Voice Typing.

ПРЕДИСЛОВИЕ

Меня абсолютно, совершенно, нисколько не интересовало искусство ни в детские годы в Одессе, ни в университетские годы в Харькове. Что-то стало просыпаться во мне лишь в начале шестидесятых. Я и раньше посещал музеи, но они не оставили во мне никакого следа. Впервые — я очень хорошо это помню — огромное впечатление на меня произвело искусство, показанное на выездной выставке Лувра в Пушкинском музее в Москве.

Очередь на вход была огромной, но я трижды посетил эту выставку. В одно из таких посещений произошел следующий эпизод. По-видимому, я был так увлечен разглядыванием картин, что на меня обратил внимание какой-то человек. Он незаметно заходил сбоку и фотографировал меня. Когда я наконец это заметил, он смутился, но как-то мы поняли друг друга: его захватило, с каким напряженным вниманием я воспринимаю живопись. Я тоже смутился, отчасти потому, что, насколько помню, был плохо одет. Возможно, сочетание плохо одетого юноши и напряженное восприятие им живописи могло вызвать такой интерес.

Однако после той выставки я все время искал репродукции картин, а найдя, жадно рассматривал их. Это было совсем непросто — находить хорошие цветные репродукции. У нас не было денег покупать их, но какие-то репродукции были у моих друзей, и они давали мне посмотреть. Я думаю, главным поставщиком их был Боря Розенфельд, друг моего брата Пети, а затем и мой. Иногда он приносил нам замечательные альбомы. Конечно, только посмотреть.

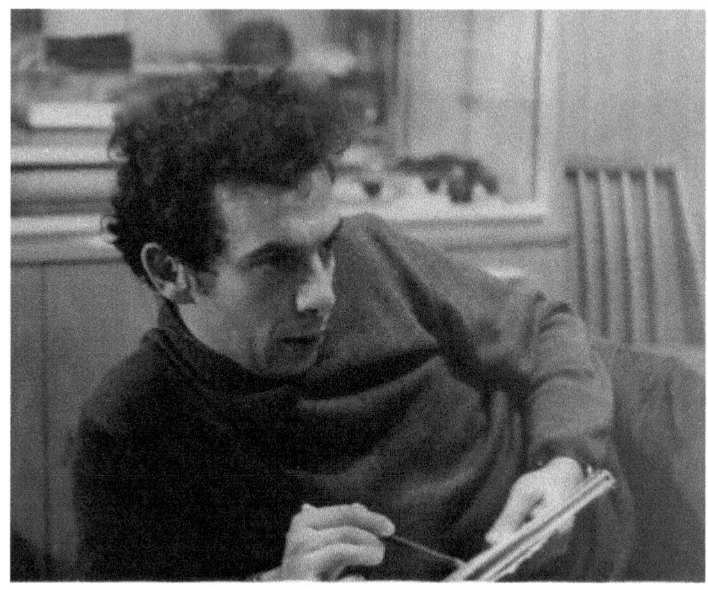

Я хорошо помню, что первым этапом моего увлечения искусством были портреты — лица людей, то, как изображались характеры: сила воли и подчиненность либо, наоборот, властность.

Но вскоре главным стал цвет. И русский авангард.

Я думаю, вся моя любовь к искусству выросла на русском авангарде, хотя путь к нему пролег через импрессионизм, который можно было увидеть в советских музеях.

Но не русский авангард. Почему он был запрещен, я не понимаю. Даже работы Шагала музеям дозволены не были, и даже работы Фалька появились в Третьяковской галерее только в начале семидесятых.

Увидеть картины художников русского авангарда можно было только знакомясь с личными коллекциями. Хорошо, что в России много таких личных коллекций. Эти картины, на Западе стоящие миллионы долларов, в нищей России не стоили, можно сказать, ничего. Конечно же, «ничего» по западным меркам, но безумно дорого для советских граждан.

Один пример. Кажется, в 1972 году мне сообщили, что какой-то художественный музей на Урале (я забыл, в каком именно городе) хочет продать картину Шагала маслом за восемьсот рублей. По официальному курсу это было двести долларов, а на самом деле и того меньше. Музей не мог ее экспонировать, это было запрещено, но он хотел купить картины местных художников, которые выставляться могли. У нас с женой не было возможности собрать столь огромную для нас сумму, однако нашлось немало людей, у которых такие деньги были и которые так любили искусство, что готовы были тратить их на живопись.

Наш с женой путь по этим коллекциям я и описываю в своем первом рассказе. Это было захватывающее путешествие! С переездом в Израиль в 1973 году мы познакомились со многими художниками, коллекционерами и всеми главными художественными музеями мира. Будучи ученым-математиком, я объехал все континенты и многие уголки нашей планеты и никогда не пропускал художественные музеи. Второй и третий рассказы этой книги описывают некоторые из наблюдений, сделанных мной во время этих поездок. Кроме того, мы подружились со многими известными художниками, и их частная жизнь нередко повторяет известные нам из истории искусства биографии старых мастеров. Трагедия многих художников часто в их профессии. Как говорил своему сыну отец Сезанна, «талант губит, а деньги кормят».

Я рассказываю о многих художниках, и читатель, возможно, будет впечатлен некоторыми из волнующих меня особенностей биографий величайших художников прошлого и современности. Собранные в этой книге рассказы-эссе посвящены конкретным художникам и путешествиям по местам, богатым искусством.

Советский период. Начало

Георгий Костаки

Мне и моей жене Людмиле повезло: кто-то помог нам посетить квартиру великого коллекционера искусства Георгия Костаки (1913–1990).

О Костаки надо говорить отдельно. Это был грек, не имевший советского гражданства, который после революции остался жить в России и работал в канадском посольстве, кажется, шофером. Конечно, там его зарплата была столь большой по сравнению с нашими, что он мог купить, в общем-то, все что хотел. А хотел и любил он только искусство. Костаки владел двумя объединенными в одну четырехкомнатными квартирами, и все их стены были в картинах. Он принял решение специализироваться на русском искусстве и даже более узко — на русском авангарде. Для поддержания «дипломатических», то есть очень хороших, отношений с местными властями он дарил музеям абсолютно фантастические картины, но не русский авангард. Например, в Пушкинском музее висел его подарок — единственная в России картина *ван Донгена*.

Костаки собрал много работ русских художников, чье творчество не относится к авангарду. Например, целая комната в его квартире была от пола до потолка увешана русскими иконами. Помнится, он сказал мне, что их у него порядка девятисот. Может быть, я ошибаюсь и число их было лишь девяносто.

У Костаки же я впервые увидел оригиналы работ Кандинского, Шагала и других авангардистов. Почему-то я не запомнил Малевича, но очень много имен художников я впервые услышал и их картины впервые увидел именно у Костаки. Это было чудо! Я не мог оторвать от полотен глаз, не мог уйти от них. Впоследствии мы с женой были у Костаки еще дважды и даже подружились с ним. Нас объединяла невероятная любовь к искусству.

Вот одна из связанных с Костаки историй.

Когда мы пришли к нему во второй или третий раз, он разглядывал свое новое приобретение. Это был зимний пейзаж, выполненный в интересной цветовой гамме.

— Угадай, — сказал мне Костаки, — кто художник.

Я не мог угадать и поэтому предположил:

— По краскам, возможно, Куинджи, но все-таки не очень похоже на него.

— Молодец, — откликнулся Костаки. — Не Куинджи, но его ученик, Кандинский.

Это был совершенно необычный Кандинский, задолго до того своего периода, который все мы знаем. Кандинский родился в 1866 году, но до 1900 года профессионально живописью не занимался: будучи инженером, он брал уроки у Куинджи, ездил по миру и любовался живописью.

Кандинский долго жил в Мюнхене, и там в посвященном ему разделе музея Ленбаххауз можно увидеть его ранние работы (то есть созданные не ранее девятисотого года). Они уже узнаваемы как именно его работы, даже когда выполнены в реалистичной манере.

Работа, которую показал нам Костаки, была совершенно иного рода. Он выполнил ее задолго до девятисотого года, когда еще не собирался становиться профессиональным художником. Костаки рассказал нам, что он проверял, куда Кандинский ездил по работе, в каких провинциальных городах Севера он бывал. Костаки посылал туда молодых ребят, которые хорошо разбирались в искусстве и работали на коллекционера. Там в частных квартирах они искали полотна, которые не уничтожило время, и нашли эту картину. (Я не спрашивал, за какие гроши Костаки купил ее, да и важно ли это, если он спас полотно Кандинского!)

Отвлекусь на минутку и замечу, что такие истории происходят нередко. Мне известен случай, произошедший порядка шестидесяти лет назад, когда в Англии один специалист нашел на барахолке работу Ван Гога английского периода и потому для неспециалиста «неузнаваемую». Конечно же, купив эту картину «неизвестного» художника и продав ее уже как полотно Ван Гога, он смог приобрести себе новый дом. А моя жена нашла у старьевщика в английском городе Дарем, где я был на конференции, небольшую африканскую статуэтку, лучшую из наших африканских статуэток. На ее тыльной стороне было написано число «20». Не раздумывая жена дала старьевщику двадцать фунтов и получила сдачу, поскольку статуэтка стоила двадцать пенсов.

У Костаки мы впервые познакомились с русским авангардом не в репродукциях, а вживую. Мы узнали много новых имен и увидели картины замечательнейших художников того времени, о которых никогда не слышали. Теперь все это можно увидеть в Третьяковской галерее в Москве и в музеях Петербурга.

Еще несколько слов о Костаки. У него были две дочери, вышедшие замуж в России за русских, и сын. Они абсолютно не интересовались искусством, и Костаки решил вывезти свою коллекцию из России и на ее основе создать в Греции музей (в итоге он открылся в Салониках). Но все это произошло уже после нашего отъезда из России, и поскольку сам я не был свидетелем того, как это происходило, я просто процитирую англоязычную газетную статью, которую нашел в Интернете.

Итак, Костаки владел «коллекцией из тысяч картин, скульптур и других произведений художников начала XX века, включая Марка Шагала, Казимира Малевича, Василия Кандинского, Владимира Татлина, Александра Родченко, Любови Поповой, Ольги Розановой и Эль Лисицкого. После того как г-н Костакис в 1977 году передал *80% своих картин Третьяковской галерее в Москве,* советские власти в следующем году разрешили ему, когда он и его семья уезжали в Грецию, *вывезти из страны около 1200 произведений искусства*».

И дополнительная информация: «После ограблений и пожара в его московской квартире и загородном доме г-н Костакис в 1977 году решил покинуть Советский Союз. По соглашению с советским правительством Третьяковская галерея получила основную часть его чрезвычайно ценной коллекции».

Выше было сказано, что Костаки разрешили вывезти 1200 работ. Я в свое время слышал только о 275 картинах русского авангарда. И вот подтверждение точности этого числа: «В 1981 году в Нью-Йорке, в Музее Гуггенхайма, открылась выставка из 275 работ под названием "Искусство авангарда в России: Избранное из коллекции Г. Костакиса"».

Я думаю, между двумя этими числами противоречия нет, просто разные вещи можно называть произведениями искусства. На выставке было 275 работ маслом и дополнительно какое-то число рисунков и набросков.

Спустя много лет я видел работы из коллекции Костаки в некоторых музеях, например в **Музей Тиссена-Борнемисы**, точнее, в новом флигеле музея, построенном уже для коллекции жены Ханса Генриха Тиссена-Борнемисы (1921–2002). Она стала заполнять свой флигель живописью с середины восьмидесятых годов и, по-видимому, тогда же купила какие-то работы у Костаки (мы видели их там). Естественно, Костаки должен был что-то продавать, чтобы жить. Нам очень хотелось снова увидеть его коллекцию, которую мы хорошо знали. К сожалению, нам всегда с этим не везло. Замечательная возможность увидеть ее выпала у нас в Вене. Мы приехали туда на два месяца и узнали, что коллекция сейчас в городе. Едва обустроившись на месте, мы пару дней спустя побежали ее смотреть. Оказалось, что она закрылась за день до этого! Вот такое невезение...

Я снова ненадолго отвлекусь, чтобы коротко рассказать о коллекции Тиссена. Это совершенно невероятное по богатству собрание картин!

Мы видели эти полотна еще до их перемещения в Мадрид. Тиссен — швейцарец, он жил в Лугано, в единственном итальянском кантоне Швейцарии — Тичино. Мы специально приезжали из Цюриха в Лугано. На машине это больше двух часов пути по горным дорогам. Один я приезжал еще раз.

Коллекция находилась в вилле Тиссена «Фаваритэ». Чтобы не платить налог, Тиссен в определенные дни и часы позволял любителям живописи посещать свою виллу. Мой швейцарский товарищ и коллега, профессор математики цюрихского университета Ханс Ярхов (Hans Jarchow), привозил меня туда. К старости, как это часто бывает, Тиссен решил создать из своей коллекции музей. Ее масштаб и уровень уникальны. Она включает в себя все лучшее: возможно, лучшего Рафаэля, которого мы видели, великолепного Дюрера и т. д. Конечно же, встал вопрос о строительстве музейного здания, но руководство кантона решило, что Тиссен достаточно богат и должен построить здание музея сам. Я воздержусь от того, чтобы сказать о чиновниках «идиоты». Они совершенно не понимали психологию коллекционера. Конечно, деньги у Тиссена были, но он хотел увидеть, что город готов заботиться о его коллекции. Если же город не хочет даже построить здание для коллекции стоимостью, может быть, в миллиард долларов, то и о самой коллекции он заботиться не будет. И вот жена Тиссена, испанка, улетела в Мадрид и там за пару дней договорилась, что, во-первых, город создаст для коллекции ее мужа новый филиал музея Прадо и выделит для этого великолепное старинное здание с противоположной стороны площади, на которой расположен центральный вход в музей Прадо.

Во-вторых, дополнительно позади этого здания город выстроит новый флигель для коллекции жены Тиссена, которая начала собирать свою коллекцию. В ее собрании мы и увидели несколько работ из коллекции Костаки. Кстати, великолепное новое собрание полотен! Например, в нем есть три картины Ван Гога!

Возвращаясь к Костаки, я вспоминаю, что именно у него мы познакомились с замечательным художником **Ильей Клейнер**

(1938–2019), который оказался двоюродным братом моего друга из Харькова, конечно, математика (если не ошибаюсь, Марка Гольдберга). Я и некоторые мои друзья полюбили «очень абстрактные» полотна Ильи, хотя он замечательно рисовал и неабстрактные картины. Я даже купил одну, хотя в финансовом отношении это было очень трудно для нас. Мой брат Пьер (Петя) и Боря Розенфельд тоже купили картины Клейнера, и даже, кажется, не по одной, так что между Ильей и мной возникли особые отношения.

С ним (а по случаю и со мной) как-то раз произошла замечательная история. Это было уже летом 1973 года. Мы как раз получили разрешение на выезд в Израиль. Тогда же в Москву впервые за много десятилетий приехал Шагал, которого неожиданно принимали по-королевски. Его работы впервые вывесили в Третьяковской галерее. Мы приехали в Москву из Черноголовки, и я позвонил Илье. Он был очень возбужден и сказал, что Шагал остановился в таком-то отеле и он, Клейнер, с двумя молодыми художниками решил поехать в этот отель и попытаться встретиться с Шагалом. Это выглядело сумасшествием, но они-таки решили попытаться. Илья позвал меня присоединиться к ним, но я должен был вернуться в Черноголовку и присоединяться не стал.

На следующий день я позвонил Илье. Теперь он уже был возбужден так, что почти не мог говорить.

Да, они отправились к Шагалу, и он принял их. Они разговаривали с Шагалом в его номере, а когда уходили, Шагал взял цветную литографию своей картины и подписал ее лично Илье: «Дорогому Илье Клейнеру от Марка Шагала». Литографию с автографом он подарил только ему! Илья сказал, что, когда они уходили, за ними бежала жена Шагала и говорила лично ему: «Знайте, что она стоит больше двадцати тысяч долларов!»

Поскольку Илья и его товарищи своих работ Шагалу не показывали, я вполне могу думать, что произвел бы на него еще большее впечатление и литография ушла бы ко мне. Это было бы одновременно трагедией и счастьем! Обладая картиной Шагала, я никогда не смог бы покинуть Россию. Илья очень хотел эмигрировать, но, получив такой подарок, от этой идеи отказался. Расстаться с работой Шагала он не мог, а с ней эмиграция была невозможна.

Я приехал к Илье домой посмотреть на Шагала. На стене висела его картина, подписанная лично Илье. Работы самого Ильи, которые раньше висели на стенах его квартиры, были сняты. «Не могут мои работы висеть рядом с Шагалом, — сказал Илья. — Ты их все заберешь в Израиль». И я их забрал. Это было непросто. Официально мне эти картины вывозить запретили (я запрашивал разрешение). Я спросил: «Почему вы мне это запрещаете, вы же не разрешаете висеть им в музеях?» Ответ был потрясающий: «Мы не хотим распространять такое искусство, эту заразу». — «То есть я могу уничтожить их прямо здесь?» — «Уничтожьте». Но я забрал их и сумел пусть нелегально, но увезти с собой.

Впоследствии, после моего приезда в Израиль, у меня не было никаких контактов с Ильей, но я слышал, что он считает, будто в Израиле я поступил с ним плохо. По его мнению, я должен был отдать его картины в музей, но он не понимал, что это невозможно. На самом деле я пытался заговорить с музейщиками о передаче им полотен Ильи, но ответом были ироническая реакция и отказ.

Многие евреи-миллионеры дарят свои картины, то есть картины, которыми они владеют, музеям Израиля, и почти все эти полотна оказываются в запасниках. Я говорю это о Шагалах, Ренуарах и других художниках их уровня. Более простые вещи музеи вообще не берут.

В течение долгого времени картины Ильи Клейнера висели у меня и радовали глаз. Впоследствии я приобрел много работ очень высокого уровня (в том числе написанных маслом), которые сегодня заполняют мои стены. Среди работ Ильи масла не было, то есть, простите, была одна маленькая картина, которую он подарил мне еще до истории с Шагалом. Я, конечно же, храню работы Ильи, но в моих «запасниках» теперь тоже десятки, если не сотни картин, и его работы среди них. У меня изменился вкус, хотя его работы я по-прежнему люблю.

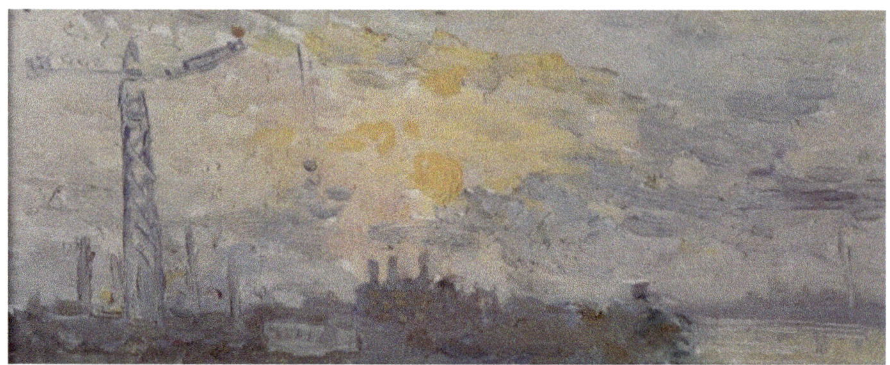

Индустриальный пейзаж. Масло, кон. 1960-х гг.

Абрам Чудновский,

коллекционер русского авангарда из Ленинграда

Замечательная встреча с русским авангардом состоялась у нас в Ленинграде у коллекционера Абрама Чудновского (1910–1985). Он и его жена были профессорами-физиками. Их сын Феликс примерно моих лет тоже был физиком. Я не помню, как мы с ним познакомились, но многие люди знали, что меня чрезвычайно влечет искусство, и кто-то из моих друзей-физиков, наверное, сообщил ему об этом. Когда мы с женой в очередной раз были в Ленинграде, Феликс привел нас к себе домой. Это была четырех-комнатная квартира, сплошь завешенная картинами. Они висели даже на дверях.

Абрам Чудновский начал коллекционировать авангард в 1953 году. За несколько десятилетий он превратился в одного из самых крупных коллекционеров этого направления. Он владел карти-нами Гончаровой, Шагала, Малевича, Родченко и многих других великих художников того времени.

Мы увидели у него много художников русского авангарда, кото-рых, кажется, не было у Костаки. Может, их картины у него и были, но я не обратил на них внимания — просто количество новой информации было слишком большим. Например, у Чудновского я отметил для себя Альтмана.

Два занятных эпизода застряли в моей памяти.

Во время нашего визита Чудновский-отец работал за своим столом, но, по-видимому, наблюдал за мной и увидел, с какой напряженной любовью я смотрю на картины. Я стоял против полотна Кандинского, и Чудновский сказал мне: «Возьмите его в руки, Виталий. Не бойтесь, это прочная вещь — с ней ничего не случится». Я взял в руки картину. Я держал в руках полотно Кандинского! До сих пор, почти пятьдесят лет спустя, я помню это невероятное ощущение!

Позже мы с Чудновским немного разговорились. Он словно почувствовал, что я стану коллекционером, и дал мне совет: «Если вам понравилась картина и вы спросили, сколько она стоит, либо это написано на ней, не торгуйтесь. Помните: этот человек творит, это не вещь на базаре, это творчество! Не обижайте художника, сбивая цену, даже если для вас она высоковата, и тогда в следующий раз он позовет вас, покажет вам свою самую лучшую работу и не запросит за нее много». Я на всю жизнь запомнил этот совет и, честно говоря, пользовался им.

Снова один пример. (Художник Ян Раухвергер, один из моих лучших друзей, будет читать эти строки и грозить мне пальцем.) Однажды (это было уже в девяностых) Ян нарисовал карандашный портрет нашей дочки Анат. Конечно, он висит в нашем доме. Это потрясающий портрет, и сегодня он мне нравится так же сильно, как тогда, когда я только-только увидел его. Так вот, я боялся спросить у Яна, сколько стоит эта работа, поэтому взял чистый чек, подписал его и отдал Яну. «Вставишь туда, сколько считаешь нужным», — сказал я и узнал, сколько стоит портрет, только когда получил из банка счет. Это было на порядок меньше, чем то число, которое я боялся увидеть.

В 1978 году, уже после нашего отъезда из России, на собрание Чудновского было совершено грабительское нападение.

Из дома коллекционера были украдены двадцать три картины. По мнению Чудновских, это было делом рук КГБ. Феликс в момент ограбления был связан бандитами и ничего предпринять не мог. После обращения Чудновского в Академию наук с просьбой о помощи одиннадцать картин были найдены и возвращены владельцу. Феликс впоследствии эмигрировал в Соединенные Штаты. Эпопея с возвращением работ, часть которых появилась на рынке, к началу нового столетия завершена не была. Их судьбы я не знаю.

Короткое послесловие. В 1999 году Ян Раухвергер жил и работал в Нью-Йорке. Он поехал туда на два-три года. Я тоже в это время оказался в Нью-Йорке и, конечно же, посетил его студию. Случайно в это же время к нему пришел Феликс Чудновский с женой. Мы не узнали друг друга, и он даже не вспомнил мой визит к его отцу, но я все равно выразил ему огромную благодарность за гостеприимство и сказал, что та встреча впечатлила меня на всю жизнь.

Коллекция Бориса Окунева

Нам повезло увидеть в Ленинграде еще одну замечательную коллекцию русского искусства. Это коллекция Бориса Окунева (1897–1961).

Молодой ленинградский математик, которого я встретил на одной из конференций, узнал о моей тяге к искусству и рассказал, что его сосед обладает огромной коллекцией русского искусства и он, коллега, может помочь мне увидеть ее. К сожалению, хозяин этой коллекции, собиратель Борис Окунев, уже умер. Вдова все хранила в том же порядке, в котором коллекция была оставлена ее супругом. Спасибо этой женщине! Она пустила нас посмотреть собрание. Впрочем, сам став коллекционером, я понимаю, что показ кому-то своей коллекции доставляет эстетическое удовольствие.

Мы были только в одной комнате, но она оказалась очень большой и сплошь от пола до потолка завешенной картинами. Это было в основном русское искусство XIX века, чуть-чуть захватывающее начало XX века, но все старая классика. Тем не менее коллекция показалась мне очень интересной, к тому же в ней было несколько картин русского авангарда, и одна из них так потрясла нас, что всего остального мы не помним.

Это был **Кузьма Петров-Водкин**! Очень большая картина, стилизованная под русскую икону, выделяющаяся интенсивным красным и голубым цветом. Я думаю, никогда современная икона не производила на нас такого огромного впечатления. Возможно, это лучшая работа Петрова-Водкина! Лучше его «Красных коней»!

Хозяйка рассказала нам историю появления в доме этой картины-иконы.

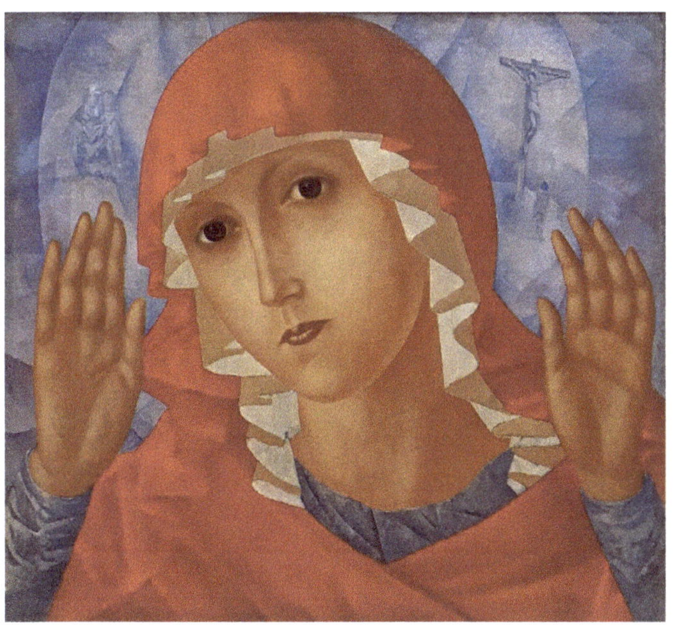

Богоматерь Умиление злых сердец. Масло, 1914–1915 гг.

У Петров-Водкина была единственная дочь, вышедшая замуж за сантехника. Картины эту пару совсем не интересовали, и после смерти великого художника всё, чего хотел его зять, это менять картины тестя на водку. За бутылку шли рисунки, за пару бутылок уже небольшие картины. А вот эту огромную потрясающую работу маслом Окуневы получили, возможно, за ящик водки! Вдова сказала нам, что они могли бы взять и «Красных коней», но картина была слишком большой и они не понимали, как им внести ее в свою квартиру, поэтому взяли полотно меньшего размера.

Нам было трудно покинуть эту комнату — расстаться с этой картиной Петрова-Водкина. Недавно именно ее мы видели в одном из музеев, наверное, в экспозиционном комплексе Эрмитажа — в Главном штабе, новом музее напротив Зимнего дворца (и здание внутри потрясающее, и выставленная в нем коллекция замечательная). Увидев там эту картину, мы не были уверены, что это именно она, поскольку та, окуневская, произвела на нас столь огромное впечатление, что все, что мы видим сейчас, не может сравниться с ней. Поэтому, наверное, «новое» полотно показалось нам тогда чуть-чуть ниже уровнем, чем то, из прошлого. Сегодня мы знаем, что это именно та картина, подаренная женой и сестрой Бориса Окунева Русскому музею.

Трудно завидовать жизни художника, особенно великого художника. Это справедливо по отношению не только к Петрову-Водкину, но и почти ко всем художникам.

Квартира Роберта Фалька

О нашем советском периоде мне осталось вспомнить только посещение квартиры художника Роберта Фалька. Тогда еще была жива его вдова, и она позволяла посещать их квартиру и видеть картины мужа.

Нам удалось встретиться с ней даже дважды (кстати, это была его вторая жена, намного моложе его). Память опять-таки не сохранила, кто нас познакомил с ней. Эта женщина, вдова Фалька, собирала в какой-то день и час небольшую группу — человек, скажем, десять — и открывала двери своей квартиры.

Немного с нами поговорив, она затем повела нас на хорошо прибранный чердак, где хранилось множество работ Фалька. Фальк был замечательным художником, по понятиям XX века — реалистом, но по форме и цвету это была смесь импрессионизма и русского авангарда. Позже, в начале семидесятых, его картины уже можно было увидеть в Третьяковской галерее. Раньше, чем позволили показывать Шагала.

ИЗ РАССКАЗА ЖЕНЫ ФАЛЬКА

Фальк жил в Европе, возможно во Франции, до 1936 года. В тридцать шестом году вышел указ Сталина, предписывающий всем советским гражданам до тридцать седьмого года вернуться в Советский Союз, и Фальк, который очень любил Россию, торопился вернуться. Жена Фалька с горькой иронией сообщила, что он пересек границу России в ночь с тридцать шестого на тридцать седьмой год. «Боялся опоздать», — сказала она. В России его никто не ждал. Ни у кого не было денег покупать его работы. Власть его искусство не поощряла. Да, Фалька не посадили — на него просто не обращали внимания. Его жизнь была нищей и ужасной. Умер он много позже и, по словам жены, фактически от голода.

Участь великого художника.

Израильский период. Мы — коллекционеры

Летом 1973 года мы переехали в Израиль. В течение двух лет до этого я не мог заниматься математикой. Процесс отъезда был слишком тяжел. Мы с женой, Людой, испытывали огромное напряжение. Все это время я искал, чем заняться, и почти профессионально погрузился в живопись, поэтому неудивительно, что с момента приезда в Израиль я искал знакомства с приехавшими туда художниками.

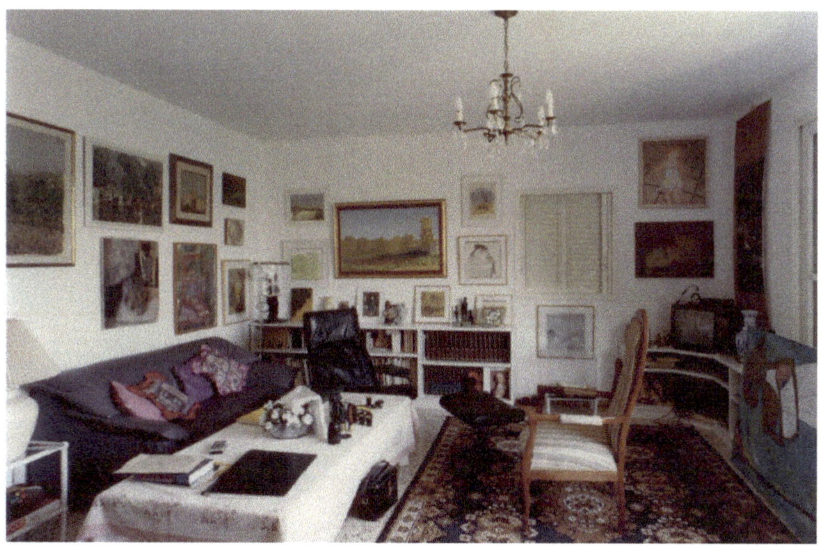

Гостиная нашей квартиры в Рамат-ха-Шароне (примерно 2000 г.). Вся пятикомнатная квартира в картинах

Моя память не удержала, как мы знакомились, как находили друг друга.

Из художников-эмигрантов первой мы встретили Валю Шапиро, а затем меньше чем через полгода после нашего приезда семью Яна и Иры Раухвергер. Среди израильских художников-неэмигрантов я был в очень хороших отношениях с Аароном Гилади и позже еще ближе с Фимой — Эфраимом Ройтенбергом. Из эмиграции девяностых годов нам ближе всего был Валерий Коневин, хотя знали мы и многих других художников, например Леонида Балаклава, и у нас есть его замечательные рисунки.

В этом эссе я собираюсь говорить об искусстве, о том, как я его вижу и чувствую, но невозможно не сказать хотя бы несколько слов о создателях этого искусства. Да и понимание искусства, его внутреннего мира и те ощущения, которые оно в нас, любителях и коллекционерах, вызывает, неразрывно связаны с его создателями.

Классический пример тому — история взлета Ван Гога. Все знают, что работы этого художника совершенно не продавались и много лет спустя после его смерти. Интерес к ним взорвался после опубликования женой брата Ван Гога, Тео, переписки между двумя братьями. (Я очень упрощаю эту историю.) Уже первые из опубликованных писем произвели на читателей огромное впечатление и стали широко известны еще за пятнадцать лет до обнародования всей переписки, и именно они повлияли на принятие публикой творчества Ван Гога.

Так что, говоря о картинах художников, которых мне посчастливилось знать, время от времени я буду отвлекаться и говорить о самих художниках. Только мне следует сразу признать, что я совершенно необъективен — я очень люблю этих людей. Я страдаю, когда дела у них не идут так, как хотели бы мои друзья, и я счастлив, когда вижу, что они преуспевают.

Конечно, из уже названных дружб с художниками наши отношения с Яном и Ирой занимают особое место. Никто другой даже не приблизился к ним по силе этих чувств и их глубине.

Но прежде чем говорить о Яне и Ире, мне необходимо сказать несколько слов об их фамилии.

Русское написание фамилии Яна было Рейхваргер и латиницей передавалось им как Reichwarger. Девичья фамилия Иры была Рылеева, но после замужества она тоже стала Рейхваргер и осталась Рейхваргер после их с Яном развода. Ира погибла в 2002 году в возрасте пятидесяти лет. Трагическая судьба невероятного таланта… Об Ире, замечательном скульпторе и художнике, мной написано отдельное эссе

Забегая вперед, скажу: Ира — создатель мягкой скульптуры. Ее куклы и кукольные композиции, создаваемые из ваты и капроновых чулок, в свое время стали сенсацией. С помощью этих материалов она умела создавать даже портреты. Трудно передать словами это чудо — силу выражения таким, казалось бы, примитивным способом. Затем она стала писать картины, в основном гуашью и акварелью, гораздо реже маслом. У нас очень много ее работ и было бы еще больше, но их уже негде было размещать. Ее рисунки, акварели, гуаши хранятся у нас в альбомах.

Мы дарили их всем нашим друзьям. Повторюсь: я написал об Ире эссе, в котором поместил фотографии нескольких ее работ. Между нами — моей семьей и Ирой — была глубокая эмоциональная связь. Мы любим каждую созданную ею работу, каждая из них трогает наши души, поэтому моя жена Люда, которая так же любит работы Иры, как и я, иногда боялась ехать к ней. «Мы опять привезем с собой целую кучу Ириных работ, — говорила она, — но что мы будем с ними делать?» Это была правда: работы Иры уходили в наш «запасник», но многие из них затем дарились.

Ян Раухвергер

Возвращаюсь к Яну. Позже он узнал, что его фамилия латиницей должна писаться иначе — Rauchwerger. Впрочем, впоследствии фамилия Яна и Иры так и писалась латиницей по-разному — и

Reichwarger (если относилась к Ире), и Rauchwerger (если относилась к Яну). В российском искусствоведении за Яном закрепилось написание его фамилии Раухвергер.

Мы с Яном друзья уже сорок семь лет, и в Израиле нет никого, кто был бы нам с Людой ближе, чем он.

Мы шутим, что знакомы со дня его рождения (он моложе меня, так что наоборот быть не может), но это не совсем шутка. Он родился в годы войны в эвакуации, в маленьком городке Байрам-Али неподалеку от туркмено-иранской границы. Я тоже был в Байрам-Али в эвакуации и даже чуть-чуть помню это место. Мне было тогда четыре года, так что я был уже большим. Смешные совпадения! Наши родители наверняка пересекались друг с другом много раз.

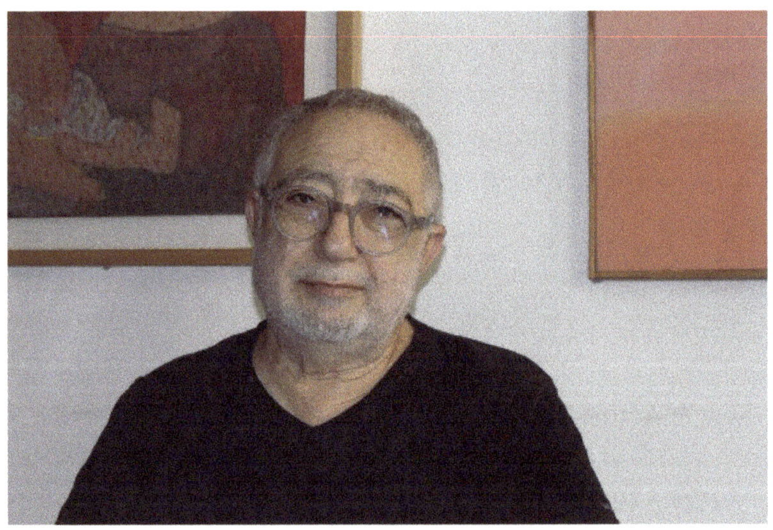

Ян — человек невероятно высокой культуры и замечательный художник. Наш дом полон его работ. Весь мой вкус, все мое понимание искусства менялись под его влиянием.

Как художник Ян умеет делать все. В начале своей жизни в Израиле он больше работал как портретист и впоследствии часто возвращался к портрету. Наша квартира полна портретов, написанных им.

Он написал три моих портрета.

Первый — через несколько лет после нашего приезда в Израиль. Я вернулся домой из своего первого милуима (армейская служба) и, конечно же, вскоре поехал к Яну похвастаться собой, солдатом. Ян немедленно схватил холст и набросал мой портрет. Я гляжу сейчас на этот портрет на стене моей комнаты, но не очень понимаю, чем он нарисован.

Затем, к моему пятидесятилетию, Ян захотел написать мой портрет маслом. Этот портрет выставлялся в тель-авивском музее на очень большой выставке портретов кисти Яна. Портрет позже уезжал в Россию, в Москву, на его персональную выставку.

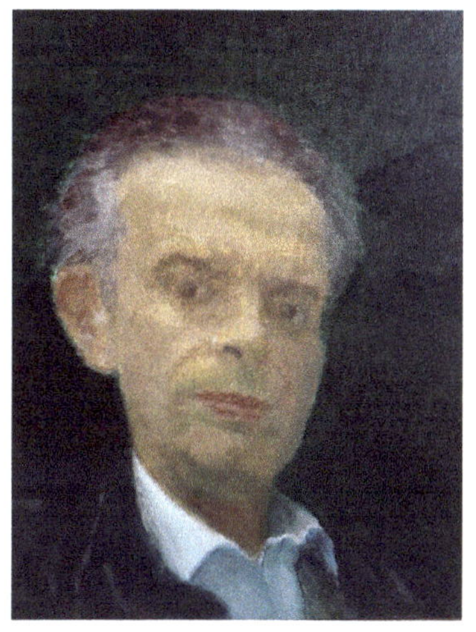

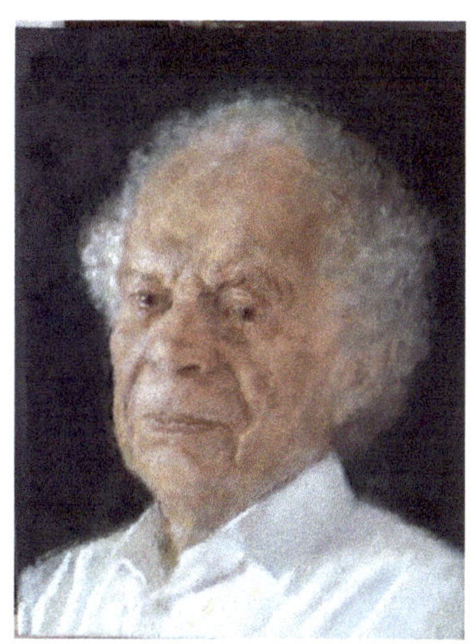

Масло, 1989 г.   Масло, 2019 г.

Третий портрет написан, можно сказать, прямо сейчас, к моему восьмидесятилетию. Он очень точно передает мою внешность и мой характер, но я выгляжу на нем очень старым (действительно лет на десять, а может, даже на пятнадцать лет старше, чем я есть). Люда говорит, что намного старее, чем она видит меня, и поэтому ей не хочется, чтобы этот портрет висел у нас. Я согласен с ней, но портрет замечателен: он невероятно точен.

Я очень многое узнаЮ и понимаю, глядя на картины Яна. Например, почему на фотографиях я могу улыбаться, а на портретах это никогда не получается. Просто фотография отмечает мгновенное состояние человека, а портрет фиксирует его интегральное состояние за очень много лет, а возможно, за всю жизнь. Морщины на моем лице возникли не за одну минуту и даже не за один год, и Ян как портретист видит всю историю моей жизни, отражающуюся на моем лице, а не сиюминутную улыбку.

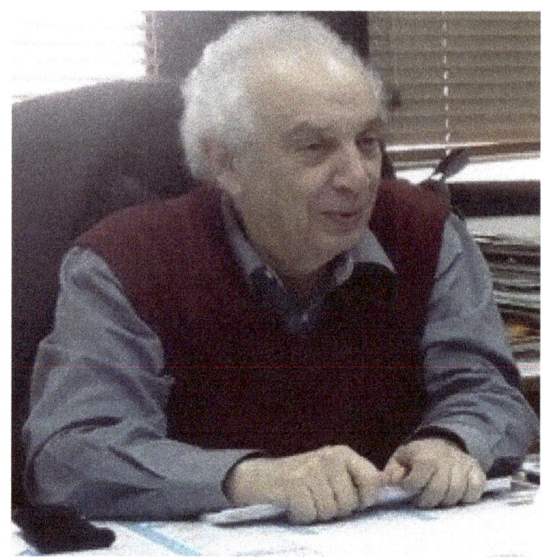

Фото 2019 г. (можно сравнить с живописным портретом)

Другое открытие я сделал для себя через портрет, тоже выполненный Яном, моего внука Йонатана — я наконец по-настоящему понял и почувствовал, что такое импрессионизм. Йонатану было три с половиной года, когда Ян написал его портрет. Мы увидели эту картину, и у нас создалось ощущение, что Йонатан только что вбежал в нашу комнату. И сейчас, семь лет спустя, он, портрет, висит в нашей комнате, и ощущение маленького Йонатана витает над ним.

Кстати, это стало нашей традицией: когда в нашей семье малыш достигает трех с половиной лет, Ян пишет его портрет. Традиция началась с маленького Эмануэля. В восьмидесятом году мы вернулись из Америки. Эмануэлю было тогда три с половиной года. Ян написал его портрет, и начиная с этого случая мы заказывали ему портрет нашей дочки Анат, когда ей было три с половиной года, а затем также двух наших внуков, Йонатана и Йаэля, когда каждый из них достигал заветного возраста.

Надеюсь, мы продолжим эту традицию. Портрет же Анат настолько удачен, что директор тель-авивского музея просил Яна отдать его музею. но Ян ответил, что это подарок отцу Анат, и картина по-прежнему у нас.

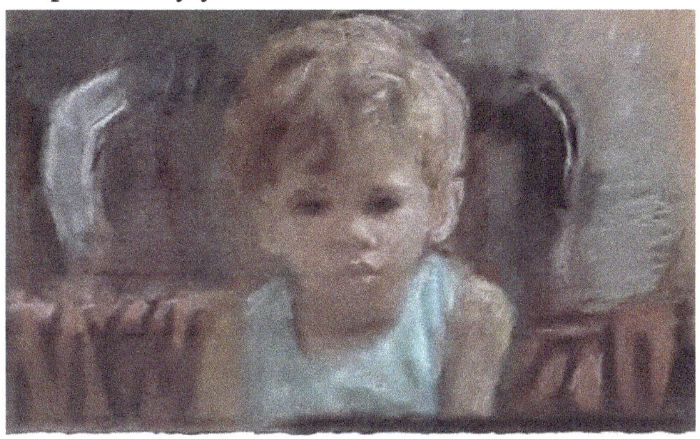

Йонатан. 2012 г.

Портрет Йаэля тоже высочайшего уровня.

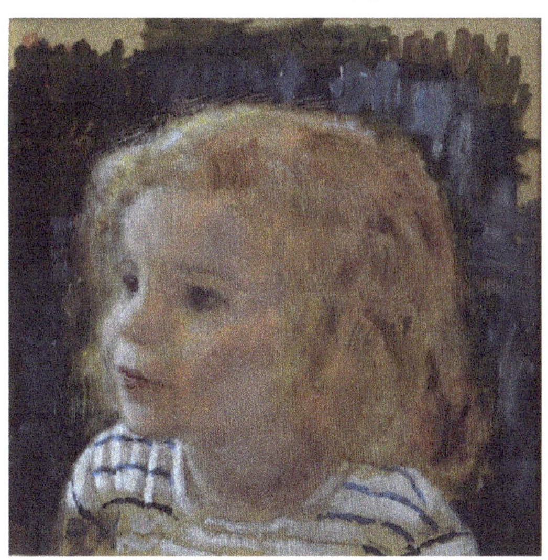

Йаэль. 2014 г.

По стилю он похож на портрет сына Ренуара, написанный им, когда мальчику тоже было три с половиной года. Портреты можно сравнить, и это сравнение будет абсолютно в пользу Яна.

Ян написал несколько портретов Люды, но не маслом. Они висят, конечно, в нашей гостиной.

Ян также написал портреты моих отца и матери, но уже после их смерти. Он очень хорошо знал обоих и поэтому сумел также хорошо передать их черты.

Однажды у меня в гостях были Юваль и Двора Неэман. Им очень понравился портрет моего отца, с которым они были знакомы, и я связал их с Яном. В результате Ян написал два портрета Юваля, и один из них был на выставке Яна в тель-авивском музее — на той самой выставке, на которой выставлялся и мой портрет.

Я заметил, что говорю о портретах Яна и не могу остановиться, хотя Ян далеко не только портретист. У него замечательные пейзажи — у нас есть несколько его пардесов (это сады цитрусовых деревьев) и видов Яффо — и замечательные натюрморты. Он чрезвычайно богатый и плодовитый художник и испробовал все — все виды и жанры искусства.

Я видел и знаю многих израильских художников и их полотна, но никто и ничто из них не привлекает меня так, не трогает так мои чувства, не вызывает такого всплеска эмоций, как картины Яна.

Послесловие к этому отрывку о портретах Яна. Этот текст был написан в начале 2020 года. С тех пор был опубликован английский перевод этой книжки. И теперь, к концу 2021 года, мы имеем ещё один портрет нашего внука. Ноам прошёл барьер 3,5 года летом, и, по традиции, Ян нарисовал и его портрет . Так что я могу добавить его к изданию на русском языке.

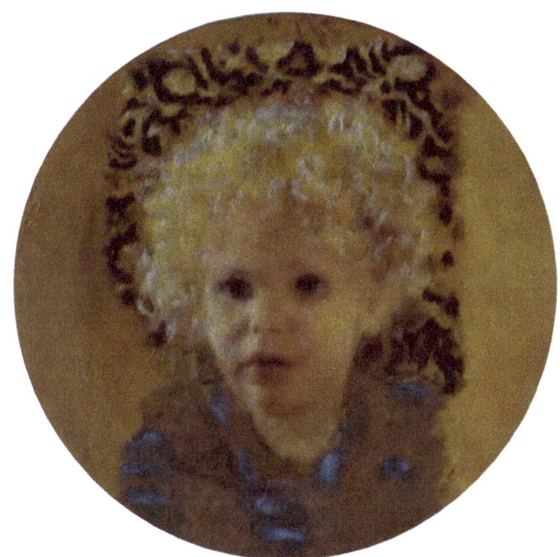

Noam, 2021

Валя Шапиро

Мы общались с ней всего несколько первых наших лет в Израиле. Затем Валя уехала в Париж, и мы встречались с ней уже в Париже. Одна замечательная история произошла у нас в связи с Валей. Она познакомила нас со знаменитейшим русским коллекционером Катей Грановой. Кате было тогда уже около восьмидесяти лет.

Гранова начала собирать картины еще в десятых годах прошлого века, когда перебралась с сестрой из Москвы в Париж. В те далекие времена расцвета постимпрессионизма и начала русского авангарда ее понимание искусства и удивительный вкус помогли ей, бедной эмигрантке, собрать невероятно богатую коллекцию живописи.

В те далекие годы она помогала недавно приехавшим из России молодым художникам. В семьдесят пятом году, когда мы только познакомились с ней, в одном лишь Париже у нее было две галереи в самых почетных местах, а также галереи по всей Франции.

Кроме того, Катя рассказала нам, как она открыла Рауля Дюфи. Я описал встречу с ней в своем эссе о Лидии Мандель.

Катя собиралась помочь также Вале Шапиро, поэтому Валя и отправилась к ней, взяв нас с собой.

Но сейчас я хочу говорить о Вале. Это был человек с судьбой еще более тяжелой, чем у Ван Гога. Она училась искусству в Москве, кстати, вместе с сестрой великого математика Владимира Арнольда. У него было много Валиных работ, и о некоторых ее проблемах я знал от него.

Жила Валя с матерью, и были они невероятно бедны, если не сказать нищи. В Москве от голода Валя иногда теряла сознание. Она обладала невероятно сильным характером, к тому же у нее был талант, и она хотела пробиться. Мы купили некоторые ее рисунки и две картины маслом. В них такое напряжение, такая боль — эти картины трудно держать на стенах квартиры. Они должны быть в музеях. Я подчеркиваю сейчас не столько их уровень, сколько скрытое в них эмоциональное напряжение. То же самое я могу сказать о работах Ван Гога. Я не мог бы повесить их у себя в квартире — я сошел бы от них с ума.

Вся жизнь Вали в ее картинах, но чтобы вы почувствовали эту женщину, я скажу вам, например, что она не могла есть в присутствии людей. Когда она ночевала у нас (это случалось несколько раз), мы приносили еду в ее комнату и оставляли там эту еду.

В Израиле она уже не была такой бедной, но фобия в отношении еды, пришедшая с ней из России, долго не покидала ее. Вале очень хотелось показать нам с Людой, что она меняется, и в Париже она пригласила нас в кафе, правда, сказала, что хочет только выпить чашечку кофе. То есть она уже могла пить в присутствии людей не только воду, но я тогда не увидел, чтобы она ела.

К сожалению, мы потеряли с Валей связь. Я слышал, что она вышла замуж за швейцарца и родила дочь, с которой даже приезжала в Израиль. Скорее всего, в это время я был где-нибудь заграницей. Я невероятно счастлив знать это, но, возможно, не очень хочу знать продолжение, поскольку боюсь, что оно окажется не таким благополучным.

В своем доме я иногда натыкаюсь на Валины работы и всегда утверждаюсь во мнении, что потенциально она великий художник. Впрочем, я не знаю продолжения ее жизни в искусстве.

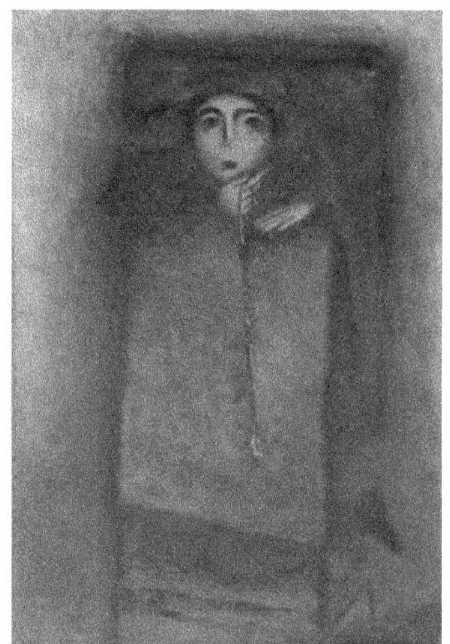 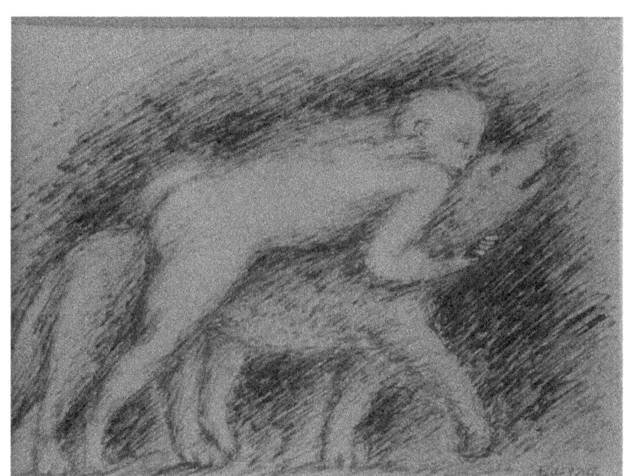

Валя Шапиро

Аарон Гилади

Я думаю, с Гилади (1907–1993) меня познакомил Ян. Гилади было тогда около семидесяти. Он говорил по-русски. Примерно в девятнадцатом либо двадцатом году он эмигрировал из России или Украины. Очень симпатичный человек и очень хороший художник. У него была своя тема — семья. Эти картины он писал пачками, и у меня есть пара их. Но он рисовал замечательные картины и совершенно другого типа.

Когда мы уже жили в Израиле, он год провел в Париже, и после возвращения в Израиль у него состоялась большая выставка. Мы пришли на нее и у входа встретили Яна. Я спросил у него, что нам купить на выставке. Дело в том, что как только я войду на выставку, ко мне подойдет Гилади, но я не умею быстро и на ходу чувствовать картины, а должен буду сразу что-нибудь выбрать для покупки. «Ты увидишь там пейзаж: скверик в Париже. Это очень хорошая работа», — сказал Ян. Чуть позже мы с женой прогуливались вместе с Гилади вдоль выставленных картин и прошли мимо пейзажа, о котором говорил Ян. Я сразу узнал этот парижский скверик и воскликнул: «Ой, я хочу это!»

— Сколько это стоит? — уже грустнее спросил я.

Гилади был очень доволен.

— Сразу же лучшее выбрал! — сказал он мне и назначил весьма невысокую цену (я думаю, это были шестьсот долларов). Впрочем, это похоже на Гилади — заранее назначить небольшую цену за лучшую работу. Это психологически точный момент: у хорошо понимающих в живописи людей больших денег нет. Богатые же нувориши сочтут, что картина с «дефектом», если она хороша, но недорого стоит.

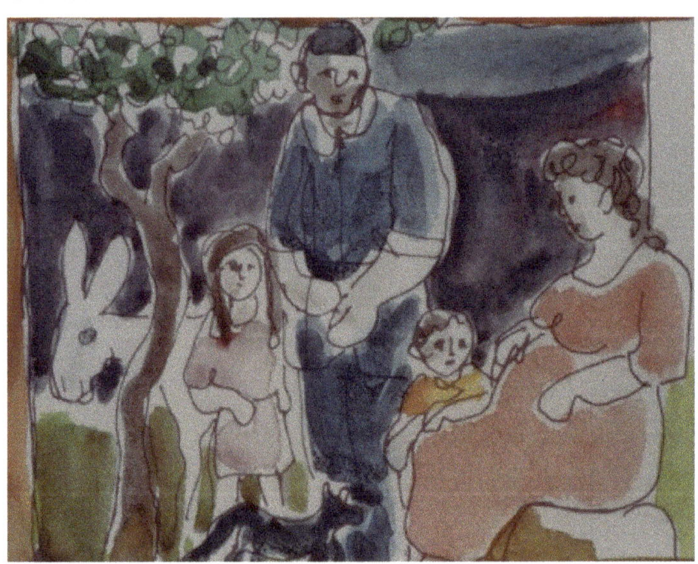

Работа А. Гилади на «семейную» тему

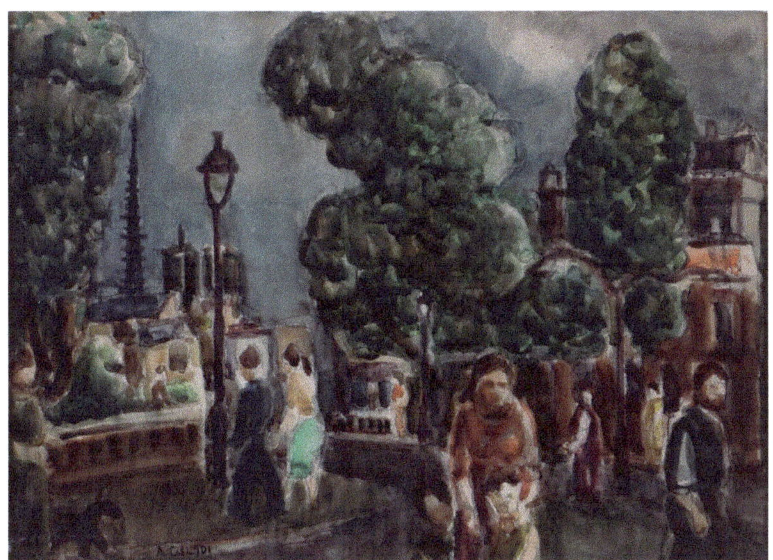

Сквер в Париже. Акварель

Но я хочу вернуться к фразе «я не умею быстро и на ходу чувствовать картины». Это очень важное замечание. Оно отличает профессионала от любителя.

Я — любитель и должен долго смотреть на работу и привыкать к ней, чтобы понять, действительно ли я хочу с ней жить. Вот Люда умеют понять это сразу. У нее хороший вкус, и она мгновенно замечает хорошие работы. Я же предпочитаю попросить картину «напрокат», на несколько недель, чтобы она повисела у нас в доме, и тогда по прошествии этого времени я либо возвращаю ее, либо понимаю, что не могу вернуть. И тогда плачУ.

Так можно поступать с художниками-друзьями, но нельзя на аукционах. На израильских аукционах я всегда просил Яна сказать мне, что стоит брать, а в Париже полностью доверялся вкусу Люды, и они никогда не подводили меня.

Возвращаюсь к Гилади. Этот замечательный человек хорошо понимал, что у нас, новых эмигрантов, еще нет денег на покупку картин, хотя живопись я очень люблю.

В этой связи первую пару лет нашего знакомства у нас случались смешные истории. Один мой товарищ женился, а мы, русские эмигранты, еще не привыкли просто выписывать чеки — это казалось нам почти неприличным. Я искал тогда свадебный подарок этому своему товарищу. Естественно, я приехал к Гилади, чтобы выбрать у него картину, и сказал ему, зачем она мне нужна. Мы поднялись на второй этаж в его мастерскую, и он стал подбирать мне картину. Взял одну и назвал цену, вторую, третью и так далее. Все цены были такими маленькими, что я не мог удержаться и брал картину за картиной... для себя. Так я приобрел у него несколько картин и попутно понял: он не хочет, чтобы об этом знала его жена.

Это повторилось много лет спустя, но уже в связи с моей просьбой (кстати сказать, ко многим художникам) пожертвовать картины для нового корпуса нашего математического факультета. Гилади отобрал три небольшие картины, которые надо было заключить в одну раму, и снова попросил, чтобы жена не узнала о его даре. Эти полотна и сегодня висят у нас на факультете, но, к сожалению, пропадают, и, я думаю, их уже нельзя отреставрировать. По крайней мере, я пытался это сделать. С момента их дарения прошло сорок лет.

Последнее, совсем маленькое воспоминание. Не помню, у меня дома или дома у Гилади он однажды взял в руки спичечный коробок и нарисовал на нем типичную семейную сценку — типичную для него. Этот коробок мы храним. Ему уже порядка тридцати пяти лет.

ФИМА (ЭФРАИМ РОЙТЕНБЕРГ)

С художником Фимой (1914–2005) мы познакомились тоже наверняка через Яна.

Это была середина семидесятых, то есть Фиме было лет шестьдесят (он родился в начале Первой мировой войны, в Харбине). Фима — это его имя в искусстве. Так он подписывал все свои работы, и так же все называли его самого. У него была необычная жизнь, и писал он красивые полотна.

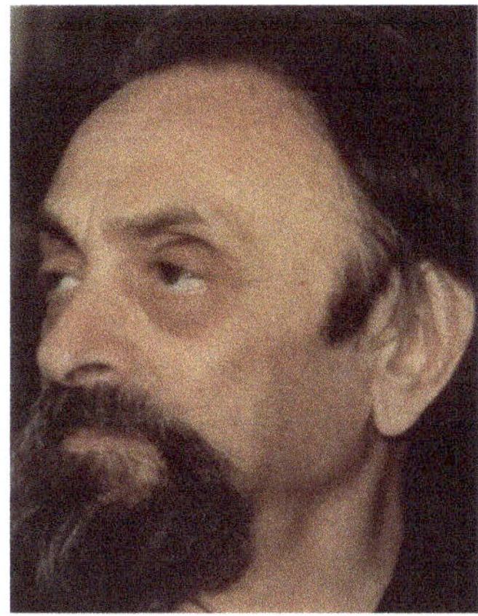

Его работы маслом очень приятны эстетически, но для нас они были слишком дороги. Ниже — литография, изображающая рикшу во время войны (огонек внизу из-за затемнения). Эта работа получила приз на каком-то конкурсе, когда Фима еще жил в Китае.

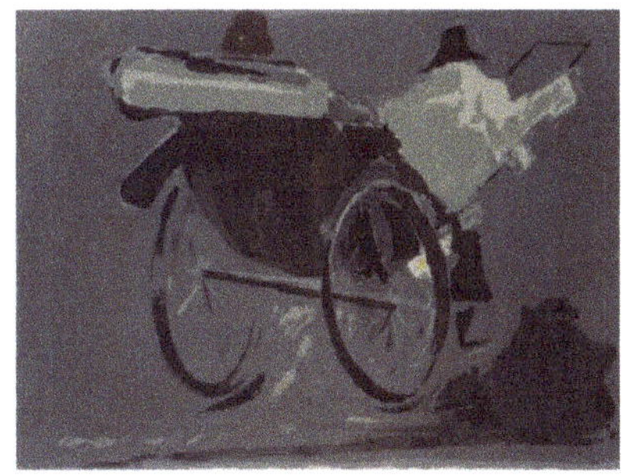

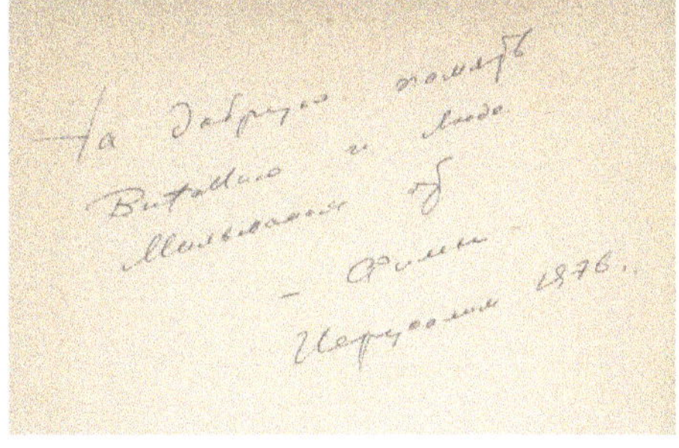

А вот пример его масла 1989 года (130 x 97 см), которое мы в то время купить не смогли:

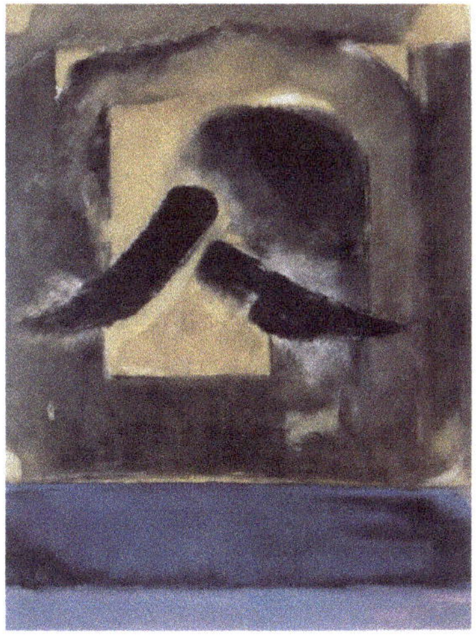

Фима свободно говорил по-русски. Его русский был более чистым, нежели наш, и даже классическим. Дело в том, что русско-еврейская харбинская община состояла из выходцев из России, направленных в Китай в качестве высококвалифицированных специалистов, и среди них — много евреев. В царской России евреи были мобильнее русских. Евреи же Харбина чувствовали себя русскими: их дети учились в русской гимназии, и их язык был чист. Также они, конечно, говорили по-китайски.

Сам Фима говорил на многих языках: английском, французском (часть своей жизни он прожил во Франции) и других европейских языках. Конечно же, после эмиграции в сорок девятом в Израиль он выучил иврит. Его последней женой была финка, и он заговорил по-фински.

Несколько раз в его жизни происходили очень необычные события, и я хочу о них рассказать.

В сорок девятом году коммунистическая «Красная армия» Китая заняла весь континентальный Китай. Некитайское население Харбина могло выбирать, куда ему иммигрировать. У Фимы как еврея был выбор ехать в Израиль либо в Россию, поскольку он принадлежал к русскому комьюнити. Будучи человеком русской культуры, он, как и многие, выбрал Россию и уже отправил туда весь свой багаж. Вечером накануне отъезда состоялся прием в советском посольстве. Все ели, пили и гуляли, и Фима близко сошелся с одним работником посольства, русским офицером. Относительно дальнейшего существуют две версии. Еще во времена Советского Союза, которого Фима очень боялся, он рассказал мне, что спросил этого человека: «Как там жизнь в России?», на что офицер ответил уклончиво: «Приедешь — увидишь». Это Фиме не понравилось, и он решил срочно изменить направление своего перемещения. Эта версия изменилась после развала Советского Союза. Фима сказал мне, что офицер недвусмысленно шепнул ему на ухо: «Беги пока не поздно».

Дальше двум версиям места нет: Фима «побежал». Поздно вечером он прибежал в Сохнут (еврейскую организацию, занимающуюся репатриацией евреев) и объяснил ситуацию: отправить его в Израиль следует немедленно, утра ждать нельзя — утром, если он не прибудет на свой авиарейс в Россию, его хватятся. Вместо кого-то в израильский самолет посадили Фиму, и он улетел на Святую землю.

Но была одна загвоздка: у Фимы в Китае была невеста, не еврейка — китаянка. Ей не могли разрешить въезд в Израиль, и она осталась в Харбине. В Сохнуте Фиме обещали, что проблему со временем решат, но ее не решили. Женщина ждала ребенка и уже после отъезда Фимы родила мальчика. Через какое-то время она написала Фиме, что поскольку его усилия не приносят плода, она уезжает в Бразилию и на том переписку заканчивает. Это вся информация, которая у Фимы была о сыне.

Теперь начинается вторая связанная с Фимой необычная история.

У него, у Фимы, были, кажется, три жены. Последнюю мы хорошо знали, а предыдущие умерли от болезней. И у него было пять детей, не считая потерянного сына.

Это мы знали с момента знакомства с Фимой, а значит, пару десятилетий. Но однажды после долгого перерыва мы увиделись у него на квартире в Иерусалиме, и Фима сказал мне: «Виталий, я нашел сына».

Итак, история нахождения сына.

В Париже была большая выставка работ Фимы. Одна женщина подошла к нему, чтобы выразить свое восхищение ими, и представилась атташе по культуре бразильского посольства во Франции. Просто чтобы поддержать разговор, Фима сказал, что, по его сведениям, у него в Бразилии есть сын, и рассказал атташе свою историю. Конечно, мать его сына могла уехать с ним из Бразилии в любую другую страну мира, ведь с момента ее иммиграции прошло почти пятьдесят лет. Фима ничего не просил — просто рассказал свою историю, но атташе попросила сообщить ей больше деталей.

Фима назвал атташе имя китаянки, которое в Бразилии могло до неузнаваемости измениться, примерную дату рождения мальчика и срок, когда мать и сын покинули Китай. Прошло три месяца, и вдруг атташе позвонила Фиме и сказала: «Возможно, я нашла вашего сына». Но сходилось не все: чиновница назвала имя его матери, и оно было другим, также не совсем таким было имя сына. Но Фима уже понял, что его сын найден! Имя женщины, которое ему сообщили, было правильным! Это было ее второе имя, а имя сына просто было вариантом того, которое он назвал. «Кто же теперь мой сын?» — спросил Фима и получил ответ: «Президент государственный авиакомпании и Бразилии».

Он, его сын, был очень умным. Он понимал, что встречаться с отцом немедленно не стоит, что сначала надо увидеть его фотографии, привыкнуть к мысли о скорой встрече с ним, узнать, наконец, с каким человеком тебе предстоит встретиться.

Примерно через год Фима и все пятеро его детей получили билеты на летящий в Бразилию авиалайнер и отбыли на встречу с пропавшим сыном и братом. Позднее сын Фимы рассказал ему, что над его кроватью всегда висела картина, и мать говорила ему, что это полотно написано его отцом.

Но вернемся к живописи Фимы. Я уже писал, что, к сожалению, у нас нет его масла, но есть несколько очень красивых акварелей и гуашей.

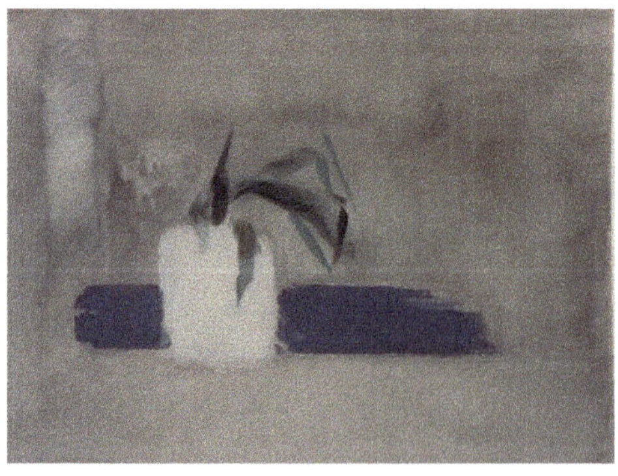 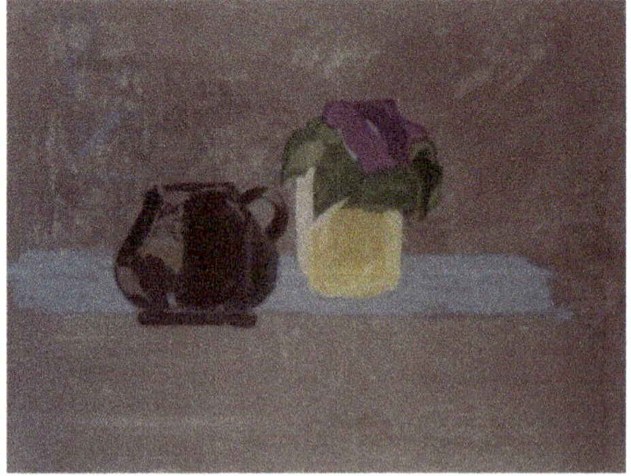

Картины Фимы — это чистая эстетика и красота. Его работы очень приятно иметь в своем доме.

Валерий Коневин

Валерий Коневин приехал в Израиль с семьей в девяностом году. Это был год массовой эмиграции. В страну приехало много разных людей, включая художников. Конечно же, жить им было очень и очень трудно.

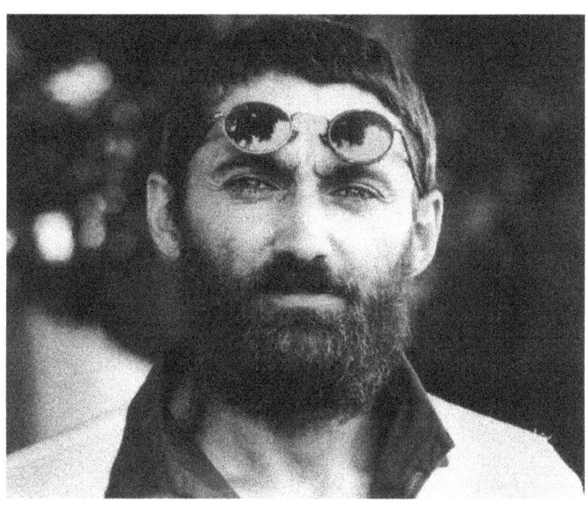

Ян сказал мне, что есть один прекрасный художник, которому тоже сейчас трудно, и спросил, не хочу ли я поехать и посмотреть его работы. Конечно, мы с Людой тут же поехали к Коневину.

Работы нам понравились. Как всегда, вопрос был в том, сколько они стоят, то есть сколько художник хочет за них получить. Как я уже говорил, я не торгуюсь, что не означает, будто я могу заплатить любую цену. Правда, от нее зависит, возьму ли я эту картину и спрошу ли, сколько стоит другая. Коневин назвал цену на большое масло. Очень маленькую цену, кажется, двести долларов.

Мы сразу же спросили о цене следующей картины. Это повторилось пять или шесть раз.

Мы ушли со всеми картинами, о цене которых спросили. Тактика Валерия была правильной: мы оставили у него больше денег, чем собирались, и затем часто приходили к нему за картинами. Мы приводили к Коневину многих наших друзей, и все они покупали у него картины. Валерий называл нас своей удачей и повторял, что с моих друзей он не возьмет больше денег, чем берет с меня. Естественно, он хотел, чтобы к нему приходили покупатели.

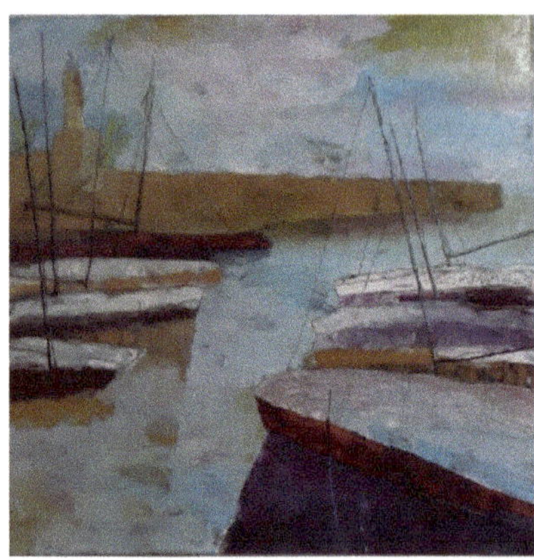

Порт Яффо. Масло, 1992, 85 х 85

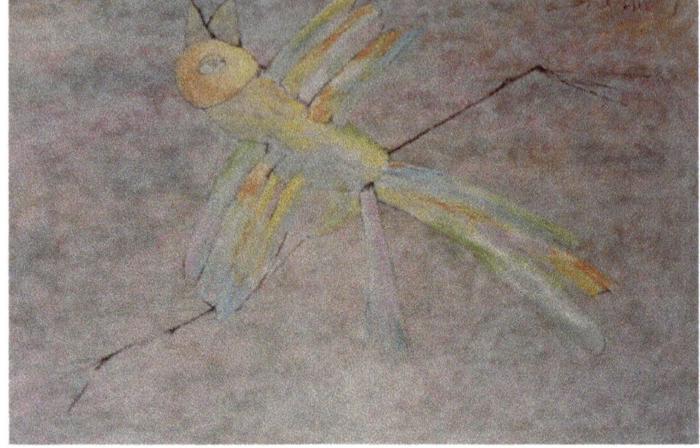

Птица. Масло, 1991, 140 х 85

У Коневина совершенно замечательные рисунки, но мне он их не продавал, а просто дарил в придачу к картинам. Впоследствии, после его переезда в Бельгию, Валерий продавал больше рисунков, чем картин.

В этот период ко мне приехал один мой товарищ, соавтор и еще молодой, но уже по-настоящему великий математик Жан Бургейн (Jean Bourgain). Недавно, с год назад, он скончался от тяжелой болезни. У нас дома висит его портрет, написанный Яном. Приехал к нам Жан со своими отцом и матерью, высококлассными врачами, тоже коллекционерами искусства. Конечно же, я повел их к моим друзьям-художникам: сначала к Яну, а затем к Коневину.

Это важная история, которую художникам надо знать и понимать.

Ян показал свою картину, которая понравилась всем, и назвал ее цену — очень большую.

Он понимал, что Бургейны — люди с деньгами и могут ее купить. Но к художнику и его картинам надо сначала привыкнуть, надо войти с ними в резонанс. Надо, чтобы они повисели у тебя дома, чтобы ты уже психологически не мог с ними расстаться, тогда ты заплатишь и бОльшие деньги. Но это не происходит в первую же минуту, когда ты только увидел работу, поэтому первые картины новому для тебя коллекционеру надо продавать намного дешевле. Супруги Бургейн не купили работы Яна.

У Коневина все было наоборот. Картины у него очень красивые, а цены на них тогда были совсем небольшие. С такими ценами нетрудно рискнуть и взять работу, тем более что они сразу нравятся. Бургейны сходу купили три большие работы Валерия, но, что куда важнее, они пригласили его приехать в их город, в Остенде, и устроить в брюссельском университете выставку своих работ. Отец Жана, Рене Бургейн, был профессором этого университета, и организовать в нем выставку ему было нетрудно. Он так полюбил картины Валерия, что уже в Бельгии купил у него много работ. Выставка его живописи также прошла очень успешно, и Валерий с семьей переехал в Остенде. Я навещал его там, а он иногда приезжал в Израиль. Мои дети тоже любят его работы, и уже, думаю, пятнадцать его картин маслом находится у старшего сына и еще порядка десяти — у младшей дочери. Наша старшая дочь тоже покупала работы Коневина, когда он еще жил в Израиле.

И все же судьба Валерия совсем непроста. Остенде — маленький город, и он быстро заполнился его работами, так что зарабатывать Коневину на жизнь приходилось отнюдь не продажей картин.

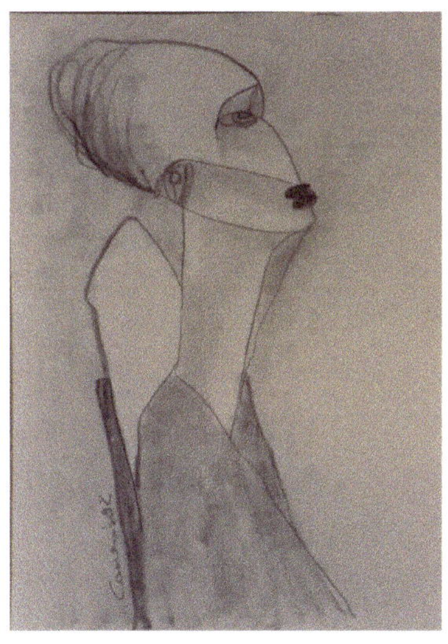 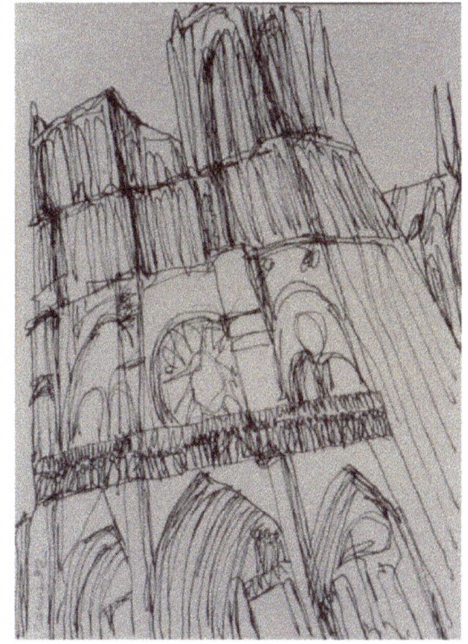

Я отвлекусь, чтобы дать художникам совет опытного коллекционера. Давайте сравним политику Коневина с другой политикой, с другой стратегией. Примерно в это же время, когда Ян знакомил нас с Валерием, Ян показал нам работу одной женщины-художницы и сказал, сколько стоит ее картина. Мы сразу же купили ее. Это были цветы Светланы Дубинской. Очень красивая работа. Ян предложил нам навестить Светлану дома и посмотреть другие ее работы. Возможно, он предполагал поехать с нами.

Но мы поехали одни. Это не было удачно для Светланы (и для нас). Цена за такого же размера картину, но далеко не такого же качества была более чем в три раза выше, нежели за ту, которую мы уже купили. В результате мы уехали все-таки с двумя картинами, оставив у Светланы большие деньги, — просто я хотел что-нибудь купить у нее, поскольку понимал, как трудно живется недавним эмигрантам. Но мы никогда больше не ездили к Светлане, хотя она и звала нас к себе.

Леонид Балаклав

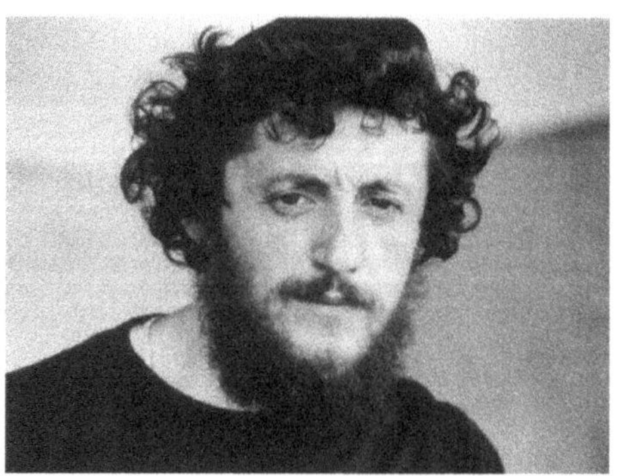

Этот замечательный художник тоже приехал в Израиль в потоке девяностого года. Мне кажется, он — дальний родственник Яна. Однажды поздно вечером Ян позвонил мне и попросил принять у себя одного художника. «Он из Иерусалима, — сказал Ян, — и очень нуждается в деньгах. Пусть он приедет к тебе и нарисует портреты твоих детей. Он очень быстро схватывает и рисует». Было больше девяти часов вечера, и я был страшно усталым, но человек нуждался в деньгах и за него просил Ян, так что я согласился. Художник приехал еще через час — по вечерам транспорт работает неважно. От усталости я был сердит.

Но то, что произошло потом, поразило меня. Примерно за каких-то двадцать минут он набросал портрет, идеально похожий и очень красивый. Это не был уличный набросок, но настоящая картина карандашом. Пример портрета-наброска моего сына внизу (62 х 48 см), а рядом — городской пейзаж (Иерусалим).

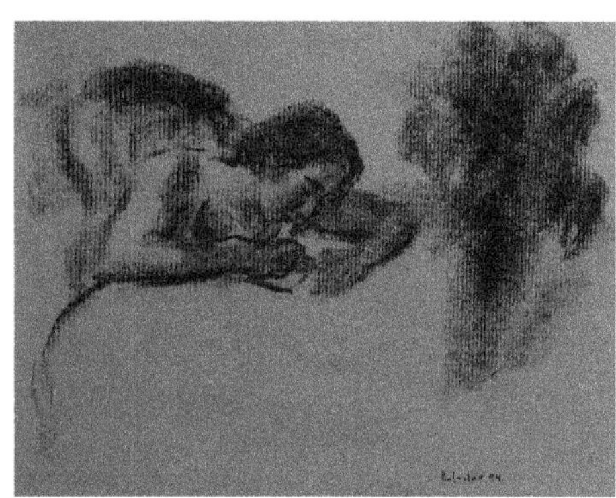
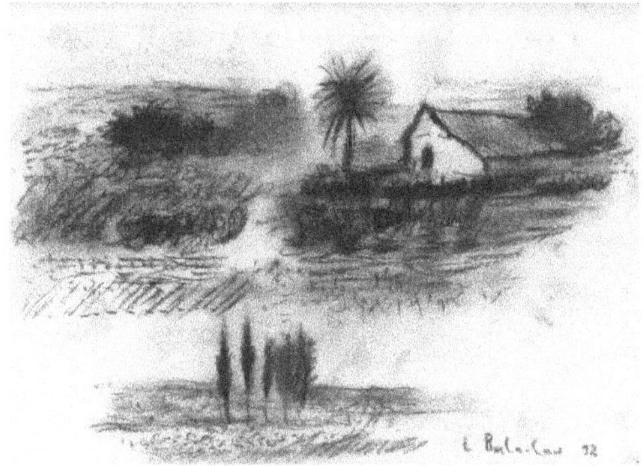

За полтора часа были созданы еще портреты жены и дочки и мой портрет.

Мы договорились, что он приедет к нам еще раз. Мы привезем к себе из Хайфы внуков и предложим нашим родственникам привести к нам своих детей, так что Леонид сможет сделать много портретов. Мы повторили такую же сессию, и это опять было очень удачно. Впоследствии Леонид встал на ноги и превратился в признанного у нас художника. Мы посетили его в Иерусалиме, купили у него много рисунков и пару маленьких масел. Честно говоря, мы не выбирали то, что хотелось бы нам, — мы следовали указаниям Яна, а в данном случае не должны были это делать. Художники часто думают о важных в творческом отношении работах (как и мы, ученые), а нам, потребителям их творчества, нужны красивые и привлекательные работы (и в науке привлекающие повышенное внимание работы не всегда работы фундаментальные).

Кстати, мы подарили несколько рисунков Балаклава Итамару Рабиновичу перед его отбытием в Вашингтон, где он занял пост посла Израиля в США (до этого он был нашим ректором). Я хотел, чтобы эти картины висели в его офисе и помогали ему пропагандировать творчество советских художников-эмигрантов. Тогда мы близко общались, и он знал, что я понимаю в искусстве и что у меня великолепная коллекция картин. Я не знаю, как он распорядился картинами Балаклава. Наши контакты с Рабиновичем фактически прервались. Поскольку мы почти не ездим в Иерусалим, у нас уже много лет нет контакта и с Балаклавом.

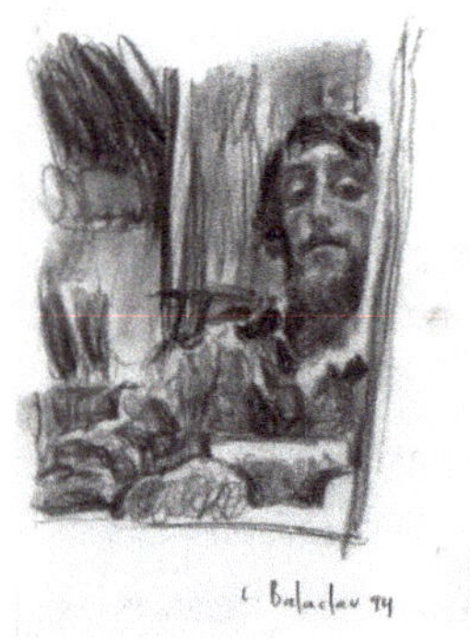

Портрет себя в зеркале

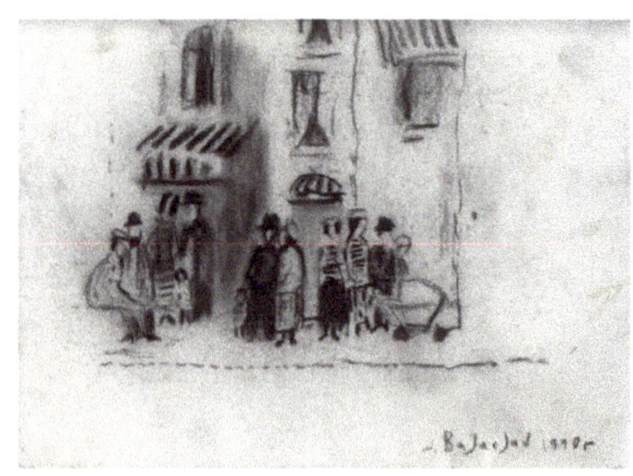

Около синагоги. Иерусалим

Однако в этом году музей Герцлии — города, где мы живем, — устроил огромную выставку с множеством работ Балаклава, Яна и нескольких других художников.

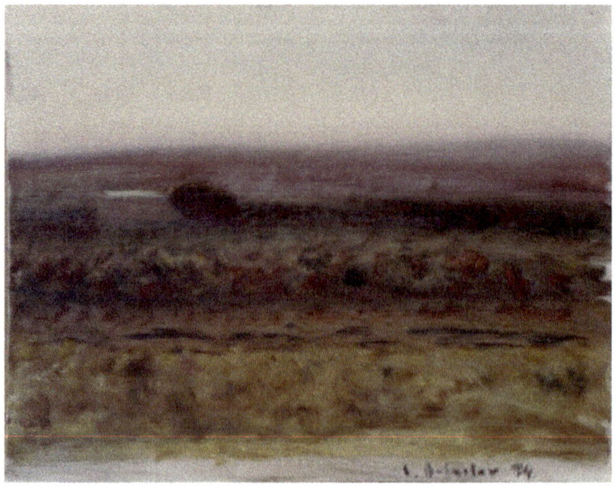

Музей расположен примерно в двухстах метрах от нашего дома, но раньше мы в него не заходили. Оказалось, что рядом с нами — великолепное здание музея и в нем замечательная выставка! Работы Балаклава были выполнены в новом стиле, которого мы у него еще не видели. Это были очень хорошие работы на дереве, но мы, учитывая свой возраст, уже перестали покупать картины, иначе мы точно позвонили бы Балаклаву, чтобы купить одну из них.

Я заканчиваю рассказывать о художниках, которых лично знал и чьих работ у меня много, хотя два очень важных имени здесь отсутствуют. Я имею в виду Иру Рейхваргер и Лидию Мандель, но я написал о них отдельные эссе — «Ира Рейхваргер (Рылеева)» с описанием ее невероятного таланта и трагической жизни, а также того, как талант может погубить человека, и «Лидия Мандель». Так что они не забыты, а наоборот — выделены мной особо.

Владимир Вейсберг

Я хочу совсем немножко сказать еще об одном художнике, которого я лично не знал, но о котором все время слышал от его учеников, Яна и Иры. Я, конечно же, говорю о Владимире Вейсберге (1924–1985). У меня есть несколько его фантастических акварелей. На самом деле я даже привез из Парижа в Израиль пакет его акварелей, больше семидесяти картин. Я не знаю, как они попали в Париж, но поскольку я доставил их в Израиль, мне предоставили право первого выбора, и я отобрал себе восемь рисунков. Из них один я впоследствии подарил моему другу, Жилю Пизье (Gilles Pisier), в качестве приза за замечательную теорему, которую он незадолго до этого доказал. Я часто останавливался у Жиля в его квартире и всегда радовался этой замечательной картине и другим картинам, которые я дарил ему в течение более чем сорока лет нашей дружбы и научного сотрудничества. У него есть также рисунки и масло Иры, рисунки Коневина и Мандель.

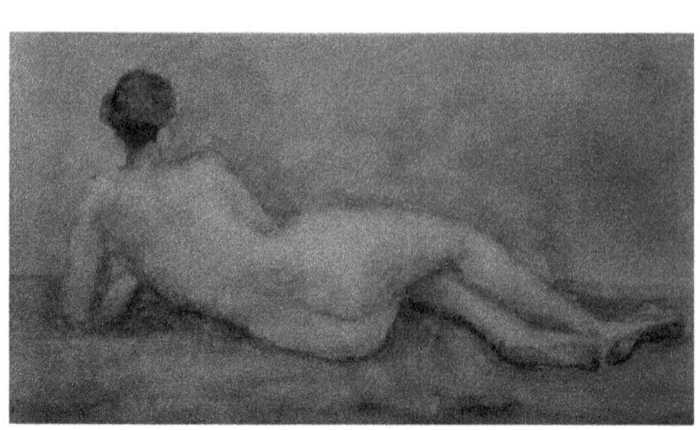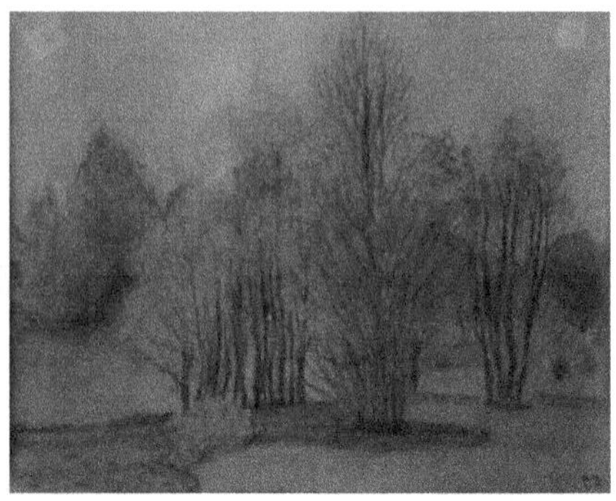

Акварель, 1972 (моделью для этой картины была Ира)
Зимний пейзаж. Бумага, карандаш

Однажды мы с Жилем посетили в Париже специализирующуюся на работах Вейсберга галерею. Одна его картина маслом, «Мадонна в голубом цвете», так понравилась мне, что я задумал доплатить и заменить ею его же картину маслом, которая у меня была. Однако произошла трагедия: владелец этой галереи, армянин, уехал в Москву за новыми картинами и в Париж не вернулся. Более того: он бесследно исчез.

Татьяна Премингер

Меня тянет сказать несколько слов о еще одной выдающейся представительнице израильского искусства — о Татьяне Премингер.

Я ничего не говорил о ней, поскольку она скульптор, а не художник, я же пишу о художниках, поскольку не разбираюсь в скульптуре. Но работы Тани столь блистательны, что ничего понимать и не надо, чтобы уважать их и быть потрясенным многими из них.

Только в начале своей деятельности в Израиле она создавала скульптуры, которые можно было внести в дом. Затем Таня переключилась на создание грандиозных скульптур и делает их по всему миру. Они стоят на городских площадях, и нередко они же становятся частью природы.

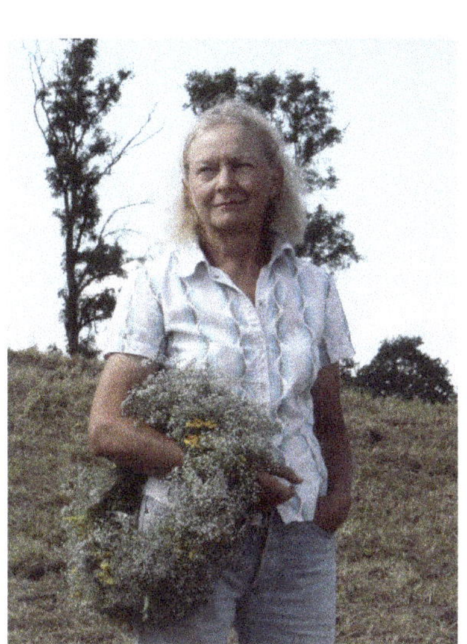

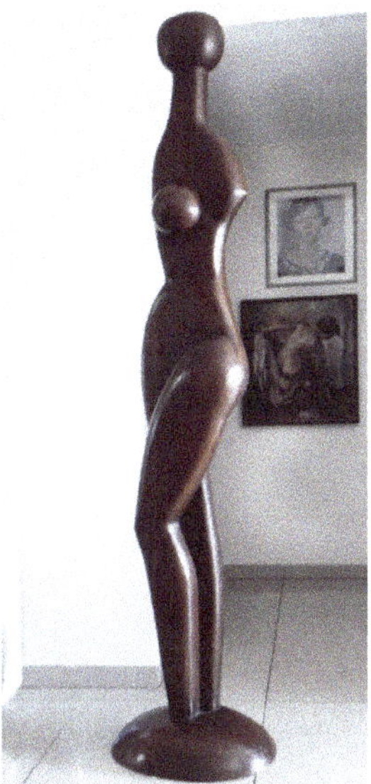

Стоящая

Мне повезло — я владелец двух Таниных деревянных скульптур: одна небольшая, полученная в качестве подарка, а другая, большая, «Стоящая», куплена за такие относительно небольшие деньги, что мне до сих пор стыдно.

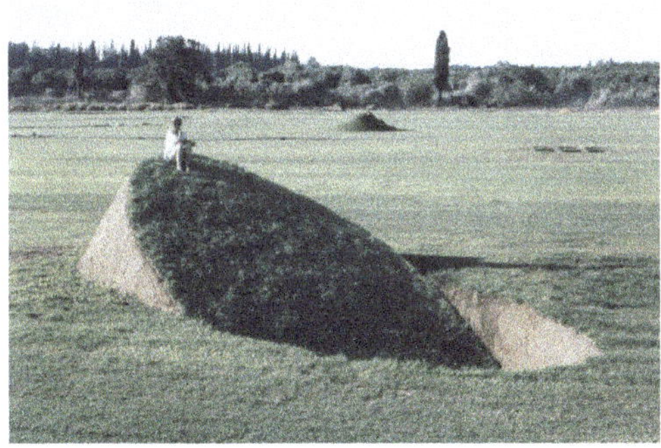

Равновесие. Почва, трава, 1989 г.
Израиль

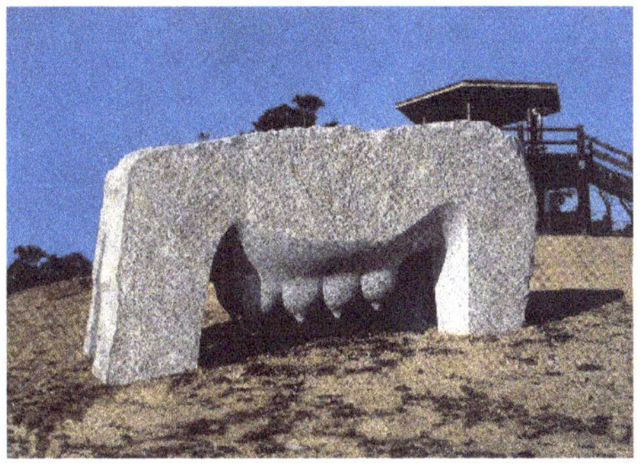

Каменная мать. Гранит, 1999 г.
Япония

Конечно, две эти Танины работы дают слабое представление о силе и разнообразии ее идей и искусстве их воплощения. Мне было трудно подобрать две фотографии, которые отразили бы всю мощь Таниного таланта. И эти не отражают. Поэтому я добавлю еще две.

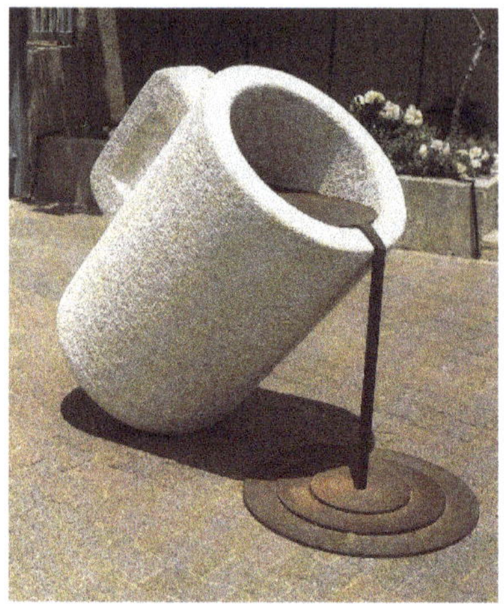

Простые отношения. Камень, железо, 1992 г. Израиль

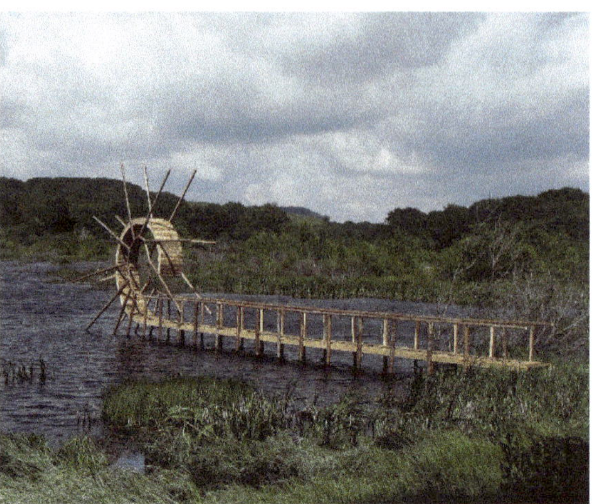

Мост «Сальто назад». Дерево, 2009 г. Франция

У нее удивительная семья. Муж Тани, Осип, абсолютно выдающийся столяр. На самом деле он художник по дереву, но предмет его искусства — мебель. Вся наша квартира была в мебели, которую он сделал — нет, создал — своими руками. Недавно переезжая на новую квартиру, мы подыскивали ее... под мебель Осипа. Все, что было не его, мы просто выкинули, но его мебель перевезли и каждому ее предмету нашли свое место. Дома я всегда работаю за созданными им столами. Вначале это был один стол — мой рабочий, сработанный по моему проекту. (Эстетика стола важна, и очень важно, чтобы за ним было приятно сидеть и удобно работать.)

Смешная история! Однажды у меня в гостях был один из лучших математиков в мире, Пьер Делинь (Pierre Deligne). Он увидел мой рабочий стол и стал просить меня продать его.

— Но как ты повезешь его в Париж? — спросил я.

— Неважно. Я найду как. Я всегда мечтал о таком столе.

Когда я слишком привык к этому столу, Осип сделал мне другой для гостиной — обеденный круглый белый и очень эстетичный стол. За ним я сейчас и работаю.

Размышления об искусстве

Я часто размышлял о возникновении искусства, его развитии, движении и притягательной силе. Все мои размышления на эту тему противоречивы. Иногда пример, который я хочу привести, противоречит выдвинутому мной утверждению. Но на самом деле все это соответствует одно другому. Просто у искусства так много разных граней, что противоречия нужны, чтобы мы могли легче и точнее чувствовать его.

В современной истории человечества искусство начинается со скульптуры. Скульптура трехмерна и потому может быть совершенно реалистичной. Никакой абстракции.

Постепенно скульптура «прилипает» к стене, чуть «выходя» из нее, но это уже путь к абстракции. Медленно, очень медленно возникает двухмерная еще скульптура, но уже почти картина. Двухмерная картина Средних веков — это уже абстракция, хотя мы так привыкли к ней, что считаем ее абсолютным реализмом. Постепенно возникают перспектива и трехмерное вИдение двухмерного полотна.

Перед тем как продолжить рассказ, я должен вступить в противоречие с самим собой. Мне довелось увидеть очень древние росписи. Я побывал в **пещере Альтамира** в Пиренеях, на границе Испании и Франции. Это большое везение! Пещеру в том году, когда я посетил ее (кажется, это был семьдесят шестой год), закрывали, и уже в следующем году она была недоступна для туристов. После ее случайного обнаружения (кажется, работающий над ней трактор провалился в яму: это рядовая история — так часто находятся такие пещеры) из-за большого наплыва посетителей в нее стал входить свежий воздух и тогда стал меняться цвет **наскальной живописи**.

В этой огромной пещере со сталактитами и сталагмитами всего одно небольшое помещение абсолютно без сталактитов и сталагмитов. На потолке и стенах именно этого помещения мы увидели потрясающие зарисовки буйволов и других животных. Они лежат, они стоят, они упруги, они в движении. Их линии, линии рисунка, напоминают линии Матисса. Конечно же, потолок пещеры не был ровным, и какие-то животные точно вписались в эти неровности. Если принять во внимание, что пещера была найдена случайно, что это не Лувр далекого прошлого, а просто одна из пещер, каких должно быть очень много, то кружится голова от уровня таланта тех людей, которые рисовали в ней. Становится страшно.

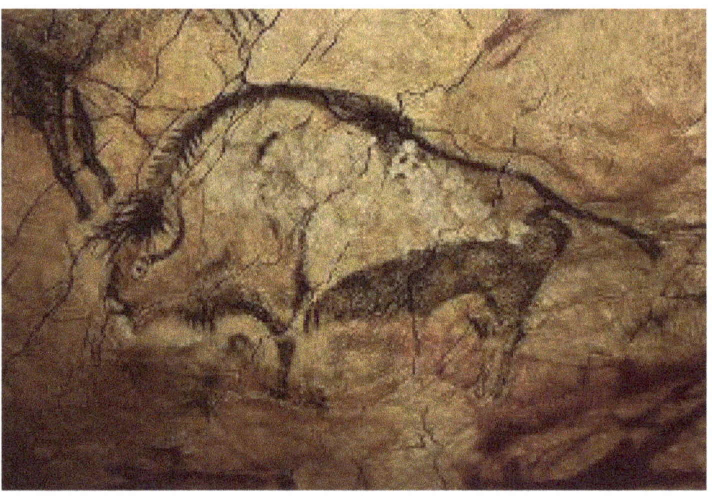

Возраст этой пещеры оценивается в 25 000 лет!

Так с чего же начинается искусство? Скульптур того времени мы не знаем.

Однако я, математик, вижу развитие искусства как взлет — в нашем понимании и восприятии красоты и гармонии — уровня абстракции. Картины, созданные после периода Возрождения и до эпохи импрессионизма, воспринимаются нами как абсолютный реализм. От нас скрыто, какие невероятные идеи и открытия заложены в этой иллюзии реализма, ведь все плоско, все двухмерно, а создается ощущение и трехмерности, и движения, и даже немножко передачи чувств.

Об этом написаны тома. Я боюсь касаться этой темы, хотя она занимает меня всегда. В качестве тривиальной иллюстрации лишь замечу, что картины до XIX века были статичны. Попытки вызвать ощущение движения не были до конца удачны. Абстракция, создавшая иллюзию движения в искусстве, пришла в начале XIX века из двух источников: Японии и наскальных рисунков Центральной Африки, которые были совершенно абстрактными. Делакруа это изучал, и на его полотнах уже есть движение.

Но вот пришел импрессионизм, и в живопись вошли воздух, чувства и запахи, и живопись обошла фотографию. Никакая фотография, по крайней мере пока, не может передать ощущение чистого воздуха, свежести детей, запах цветов. А импрессионизм может! «Художники во власти» видели это, но не умели так писать. Учителя их этому не научили, и они мстили за свое невежество. Поэтому импрессионистам было так тяжело, поэтому они голодали либо жили не с продажи своих картин.

* * *

Позвольте мне вернуться в прошлое и привести еще один пример открытия в живописи. Это изобретение масляных красок. Событие, которое изменило живопись дискретно, скачком. Произошло это в XV веке. В 1432 году в Генте был открыт новый собор, и роспись его алтаря поразила всех. Краски блестели, краски сверкали! В искусство вошло понятие **«гентский алтарь»**. Его создателями были братья Ян ван Эйк (1390–1441) и Губерт ван Эйк (1370–1426). Слух об этом быстро обошел все центры живописи того времени, но переучиваться писать трудно, и старые мастера еще некоторое время продолжали писать темперой.

В Италию эту технику живописи, масло, привез величайший мастер своего времени — **Джованни Беллини** (1430–1516). Давайте сравним две Мадонны Беллини. Одна написанная примерно в 1460-м, еще темперой, вторая — после восьмидесятых годов XV века уже маслом, после визита Беллини в Гент, где он как раз учился живописи маслом.

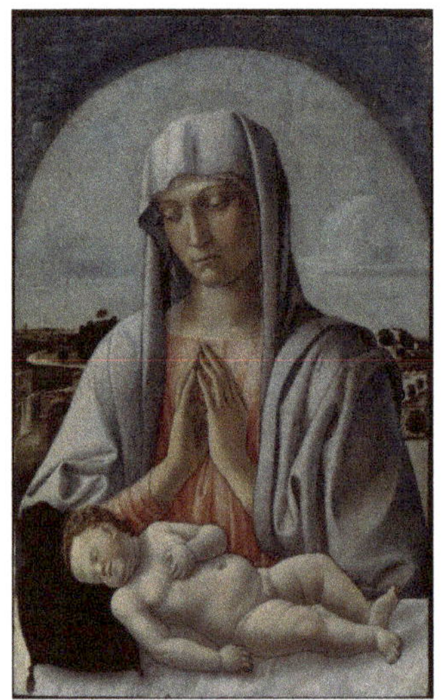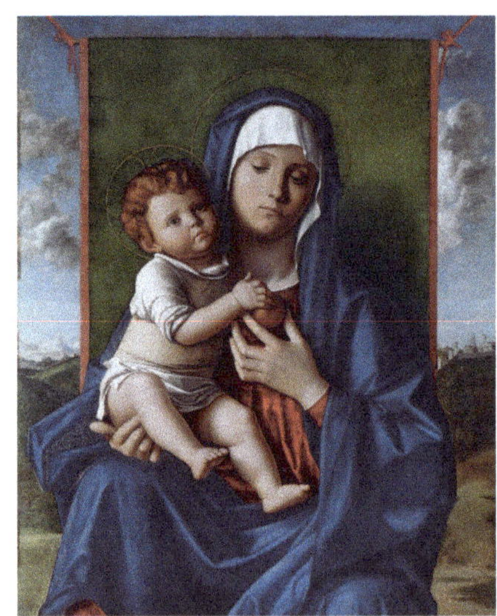

Правая, яркая картина написана маслом и темперой на дереве.

* * *

Живопись **Эль Греко (1541–1614)** в высшей степени оригинальна. Оригинальность эта изумляет. Но где искать ее корни?

Ответ на этот вопрос уходит в раннее детство Эль Греко.

Но прежде мне хотелось бы поделиться личным опытом. Нам с женой повезло: в 1997 году мы два месяца провели на острове **Крит** и жили всего в нескольких километрах от того места, где родился Эль Греко. Это был замечательный курортный городок Агия-Пелагия, что примерно в двадцати километрах от Ираклиона — столицы Крита.

В трех километрах по шоссе в сторону от Ираклиона, и затем еще километра два в горы находится городок Фоделе. Традиционно считается, что там родился Эль Греко. Мы были в Фоделе много раз. В нем очень приятен ланч, но мы ездили туда не только за этим, а в основном посещать домик, в котором, по преданию, родился Эль Греко. Но даже не домик, в котором тогда не было ничего интересного, привлекал нас. Совсем рядом с ним находится почти игрушечная, но невероятно красивая православная церковка. Кроме того, что она маленькая, она, пожалуй, типичная для этих мест. И вся она расписана фресками!

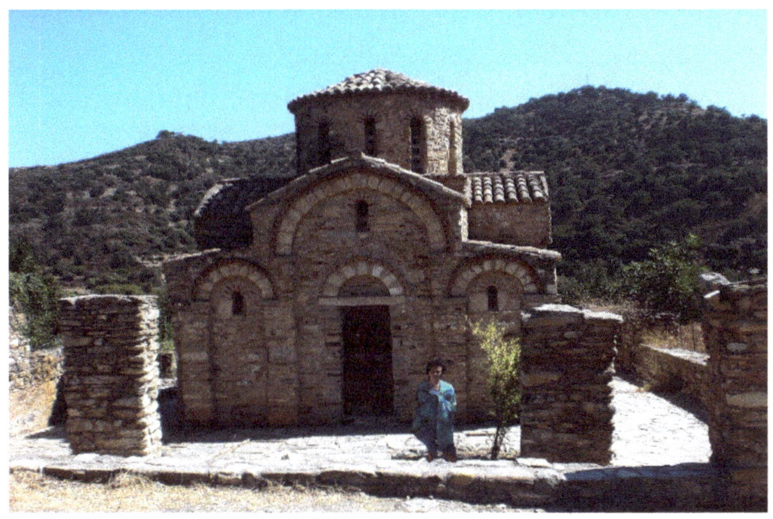

Церковь построена в XI веке проходящими через эти места крестоносцами и тогда же расписана фресками, которые хорошо сохранились. В нескольких местах, где они пострадали, в XIII веке были написаны новые, так что XIII век — последнее время, когда там что-то писалось. Так вот, в стиле и красках этих фресок, в характере лиц на них можно ощутить точку отсчета живописи Эль Греко. Он все детство провел около или внутри этой церкви, и ее влияние на его воображение очевидно. Конечно же, он учился рисовать и писать так, как это делали в его время, но живые картины детства взорвались в нем его новой живописью.

На фотографиях в Интернете можно увидеть это место, эту церковь. Несколько фотовоспроизведений живописи внутри нее не дает представления о ней (в этой церкви недостаточно света, а фотографировать там со вспышкой нельзя), хотя удлиненность лиц, которую мы знаем у Эль Греко, увидеть все-таки можно.

Несколько слов об истории этой церкви. Она восходит к периоду Крестовых походов. Крестоносцы, а с ними неизвестный нам гениальный художник и архитектор, шли через эти места из Европы в Палестину, на Святую землю. На своем пути они на долгие месяцы делали остановки и строили маленькие церкви — маленькие, чтобы успеть построить их.

И как мы видим по этой церквушке, среди них были гениальные строители и живописцы. Человечеству повезло, что талант Эль-Греко зародился близ одной из них.

Еще одно маленькое замечание, уже о нас, о наших посещениях этой церкви. В первый раз, в девяносто седьмом году, когда мы пришли в эту церковь, около нее не было ни одного человека. Мы обошли вокруг церкви, мы зашли внутрь и наслаждались этой красотой в полном одиночестве. Уже через несколько лет около церкви дежурила девочка-школьница — она следила за тем, чтобы все было в порядке. Дом, в котором якобы родился Эль Греко, стал называться музеем, но в нем еще ничего не было. Дверь в церковь уже закрывалась на ключ, и в отсутствие девочки смотреть фрески было нельзя. Еще через пару лет, когда мы оказались там в последний раз, это был полноценный музей, а посещение церкви стало платным.

* * *

Поскольку я уже затронул в своем рассказе вопрос возникновения стиля уникального художника, я расскажу о еще одном нашем везении.

Во время нашего очередного визита в Париж там проходила выставка специально подобранных работ Ренуара и Моне. Это была «копия» их выставки 1887–1888 годов. Ту выставку посетил **Ван Гог** (1853–1890) и был в абсолютном восторге от нового стиля, который он увидел в работах и Ренуара, и Моне. С этого времени все работы Ван Гога написаны в этом стиле, который он позже развил. И это тот Ван Гог, которого мы знаем. Он писал в этом стиле последние два года своей жизни, а вот ни Ренуар, ни Моне впоследствии в этом стиле не писали — он не соответствовал душевному складу этих художников. Ренуар и Моне были спокойными людьми, и они, несомненно, желали пребывать в добром расположении духа. Но их стиль в точности подходил Ван Гогу с его бурлящим неспокойным характером.

Спасибо обоим за создание стиля Ван Гога.

***

Я хочу перейти к возникновению того, что сегодня мы называем абстрактной живописью, а точнее — к **русскому авангарду**.

Следующий эпизод рассказан **Василием Кандинским** (1866–1944). Задолго до того, как он стал профессиональным художником, еще в XIX веке, он гулял по лондонскому музею, где увидел картину Клода Моне, на которой были только краски и никакого объекта — просто замечательно красивое распределение красок! Кандинский восхитился смелостью художника. Он долго стоял и любовался полотном. Но тут чуть сдвинулся солнечный луч, и художник вдруг увидел, что на полотне — стог сена. (Мы знаем, что Моне любил рисовать стога — у него много таких картин.) Кандинский был очень разочарован.

С воспоминанием об этом эпизоде он прожил семнадцать или восемнадцать лет. Все это время его картины менялись, в них становилось все меньше реальных объектов, и объекты эти постепенно превращались в расплывчатые очертания. И вот наконец Кандинский принял решение «хватит прятаться» и написал абстрактную картину, которую так и назвал — «Первая абстрактная акварель». Это было в 1910 году. В мире началась эпоха абстрактного искусства. Видимо, многие художники были готовы к ней, потому что немедленно, уже в одиннадцатом году, было написано множество совершенно абстрактных картин. Начался период изучения цвета, чистого цвета, без присутствия объекта.

Кто плохо понимает стоящую за этим красоту, ищите по вечерам закаты. Я ежедневно наблюдаю их из своего окна: иногда это только полоска на горизонте, но иногда полнеба становится красно-оранжевым. Я всегда любуюсь садящимся за горизонт солнцем и никогда не скажу, что уже видел это: закат всегда нов, всегда интересен, всегда прекрасен.

Одновременно другие художники стали изучать «голую форму», без цвета и конкретного предмета (например, Малевич с его знаменитым «Черным квадратом»).

* * *

Я думаю, что новое понимание цвета влияет на то, как сегодня художники создают большие полотна. Я наблюдал, как Ян Раухвергер рисует на большом полотне мою семью: Людмилу, нашу старшую дочь Ларису и меня. Это было, я думаю, в семьдесят пятом году. Мы позировали три сеанса, каждый примерно по часу. После первого сеанса на полотне были только цветные пятна. Можно сказать, что это была абстрактная картина. Распределение цвета по всему полотну и никаких форм, даже намека на них (художники говорят: «Полотно начинается с цветных пятен»).

Я был изумлен. Художники Возрождения делали набросок картины карандашом, чтобы видеть, что на ней будет потом.

После второго сеанса мы уже видели все формы, то есть изображение напоминало картины Кандинского до того, как он пришел к полной абстракции. Обозначены цвета и формы, и уже ясно, что на полотне будут изображены три человека и как они будут изображены по отношению друг к другу, но никакой прорисовки лиц. Наконец, после третьего сеанса готова хорошая картина, реалистичная с позиции XX века, с узнаваемыми людьми.

* * *

Наступил период нового поиска и нового вИдения. Это отдельная тема для искусствоведа, а я лишь любитель, лишь потребитель того, что из этого поиска произросло.

50

И в качестве послесловия. Талант настоящего художника — одно из редких и замечательных явлений, которому человечество еще не нашло настоящего применения.

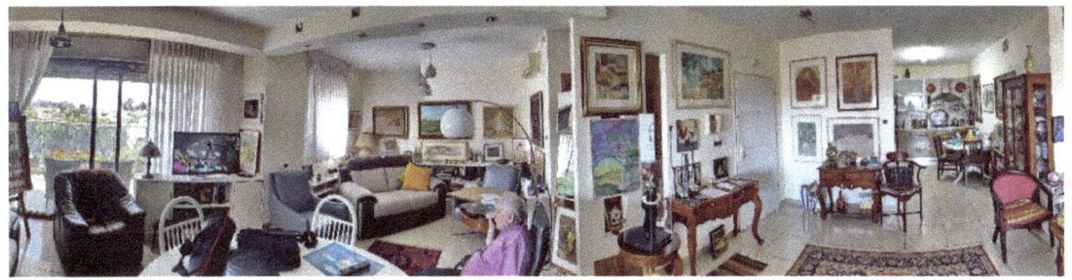

Панорамный снимок нашей гостиной, сделанный Михаилом Шульцем в 2019 г.

Апрель 2020 г., коронавирус

Художник Лидия Мандель

(и немножко ее круг: Катя Гранова, Вера Рохлина и еще более известные имена)

Теперь в двух отдельных эссе я расскажу о замечательных художниках — Лидии Мандель и Ире Рейхваргер (Рылеевой). Мое знакомство с Лидией Мандель (1898–1977) произошло летом семьдесят пятого года в Париже. На всю жизнь оно осталось в памяти своим прекрасным мягким началом и невероятно печальным концом.

Мы были эмигрантами из Советского Союза, летом семьдесят третьего года прибывшими в Израиль. «Мы» — это я, профессор математики, моя жена Людмила и наша дочь Лариса. Я сразу же начал работать в Тель-Авивском университете на математическом факультете. Летом семьдесят четвертого мы втроем отправились в Европу (я на конференции, а семья смотреть и узнавать ее). Летом следующего, семьдесят пятого года мы с нашей машиной плыли кораблем до Греции, и затем на своих колесах добирались до Парижа. К счастью, машина у нас была большая — Мерседес. Это не признак больших денег, которых у нас не было, а следствие израильских законов (эмигрантам машины продавались без налога), ну и удачное стечение обстоятельств, однако это уже другая история.

Итак, ехали мы в Париж, по дороге останавливаясь в кемпингах, так как денег на гостиницы у нас не было. В Париже мы по предварительной договоренности встретились с молодой художницей Валей Шапиро, тоже эмигранткой из России (из Москвы, как и я), тоже живущей в Израиле, но на тот момент приехавшей искать счастья и удачи в Париже. Я думаю, ей было тогда порядка двадцати пяти лет (а мне уже тридцать пять). Замечательная художница с очень тяжелой судьбой, но при этом пробивная женщина со связями в художественных кругах Парижа, она, например, была знакома с Катей Грановой. Валя привела нас в галерею этой замечательной женщины и познакомила с ней меня и мою семью.

* * *

Здесь самое время отвлечься и немного рассказать о **Кате Грановой** (Katya Granoff, 1896–1989). Вместе с сестрой она совсем молодой девушкой приехала из еще дореволюционной России в Париж. Катя была поэтессой и подарила нам томик своих стихов, но невероятно знаменитой и баснословно богатой сделали ее не стихи, а чутье — потрясающее чутье на подлинное искусство. Катя чувствовала и понимала искусство, она открывала молодых художников. В начале XX века она помогала молодым дарованиям из России, толпами приезжавшим в Париж, эту Мекку искусства рубежа веков. Я не знаю деталей ее жизни, ее взлета, но одну маленькую историю о себе она сама рассказала нам при первой встрече.

Однажды (не знаю, какой это был год, но его можно вычислить) перед традиционной ежегодной поездкой на лето на юг Франции, в Ниццу, сестры отправились на выставку молодых художников. Кате очень понравились картины одного художника, и она решила купить сразу две. Сестра пыталась остановить ее. «Катя, — уговаривала она, — ведь это деньги, на которые мы собираемся ехать на юг». Катя ответила ей: «Тогда мы не поедем этим летом на юг» и купила картины. Это были полотна начинающего Рауля Дюфи! С таким пониманием и вкусом можно было быстро расти, и к моменту нашего знакомства у Кати были две галереи в Париже: одна — около Президентского дворца на Шанз-Элизе, другая — около сегодняшнего музея д'Орсе. Кроме того, ее картинные галереи были разбросаны по всей Франции, и мы встретили одну из них, например, в Нормандии, в городе Онфлер.

Катя Гранова производила впечатление гранд-дамы. Очень полная, она восседала в своем кресле, а несколько работающих у нее девушек крутились вокруг нее, угадывая каждое ее желание. У нашего визита была определенная цель: Катя хотела помочь Вале Шапиро (она все еще помогала молодым художникам). Идея помощи состояла в том, что она позвонит своим старым подругам-художницам и попросит их отдать Вале холсты, которые те уже не собирались использовать, и тогда Валя будет на чем рисовать. Конечно, на всех этих холстах была незаконченная (или даже законченная) живопись, и предполагалось, что Валя будет писать поверх нее (жестоко, не правда ли?).

Одной из таких подруг была Лидия Мандель, которая сразу же откликнулась на Катину просьбу и пригласила Валю к себе. Я был на машине, и, оставив жену и дочь готовить дома у Вали обед, мы с ней сразу же поехали к Мандель.

* * *

Лидия Мандель жила в одном из типичных высоких парижских домов в районе Эйфелевой башни. Мне кажется, мы встретились с ней во дворе ее дома, но, может быть, зайдя в квартиру, просто сразу же спустились вниз, во двор.

Во всех дворах таких домов есть вход в знаменитые парижские катакомбы, конечно же, перекрытые в глубине, а в начальной их части разделенные на небольшие комнатки-кладовые для жильцов каждой квартиры. И у Мандель была такая кладовая. Мандель как-то не хотела спускаться в нее... и все стояла у входа, держа в руках ключ.

Мандель была очень приятной общительной пожилой женщиной, хрупкой на вид. Она прямо сказала мне: «Я боюсь туда идти». «Почему?» — удивился я. И она рассказала мне, что не была в своей кладовой уже сорок лет!

В середине тридцатых она с мужем уехала в Англию (возможно, участвовать в выставках, а возможно, по делам мужа — это она не уточнила). Вскоре война сделала невозможным их возвращение. В эти годы Лидия потеряла мужа, вышла замуж за англичанина, спустя годы после войны вернулась в Париж и всегда откладывала спуск в эту каморку из-за очень тяжелых воспоминаний прошлых лет. И вот теперь по просьбе Кати Грановой она готова была решиться на этот шаг, чтобы поискать там для Вали старые холсты. Я уговаривал Мандель не бояться, мягко и ненастойчиво говоря, что все время буду рядом с ней. Наконец она согласилась. (Впрочем, спускалась она с нами во двор уже готовая на этот шаг.) Лидия объяснила: она сама не знает, что там, в кладовой, поскольку не она, живущая в Англии, а ее домработница во время войны сносила туда то, что считала ценным и необходимым сохранить.

Наконец мы открыли эту кладовую-склад. Первое, что бросилось нам в глаза, был толстенный слой пыли, смешанной с трухой. Под ним ничего не было видно. Я окунул руку в эту пыль и нащупал ножку стула (изогнутая ножка, должно быть, была красивой), правда, она тут же рассыпалась в моей руке. Но не зря же говорится, что рукописи не горят, а я добавлю: искусство не превращается в труху! Мы стали доставать из пыли свернутые в рулоны мятые полотна и множество тетрадей с рисунками. Тетради были помечены датами: «1922», «1921», а также «1920» и одна (неполная) «1919» — год приезда Мандель в Париж. Я не уточнял у Лидии, но, думаю, она рисовала в них в студии хорошо знакомого ей Фернана Леже (похожий стиль).

Там, в этом подвале, я нашел огромную круглую работу Мандель, написанную в двадцать третьем году. Она была сильно испорчена, но мой близкий друг и очень известный у нас в Израиле великолепный художник Ян Раухвергер слегка отреставрировал ее для меня и теперь она висит в моем доме.

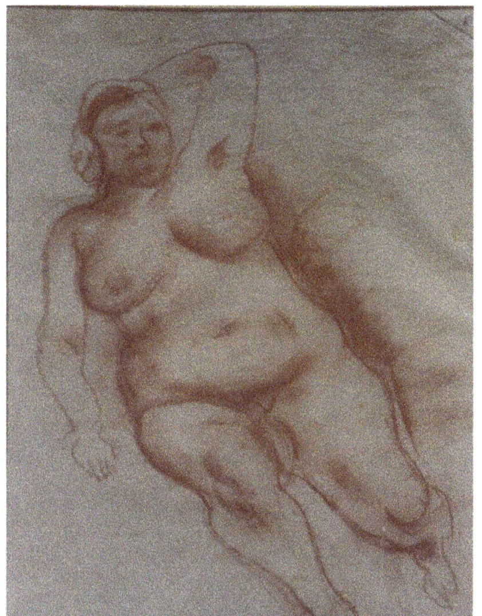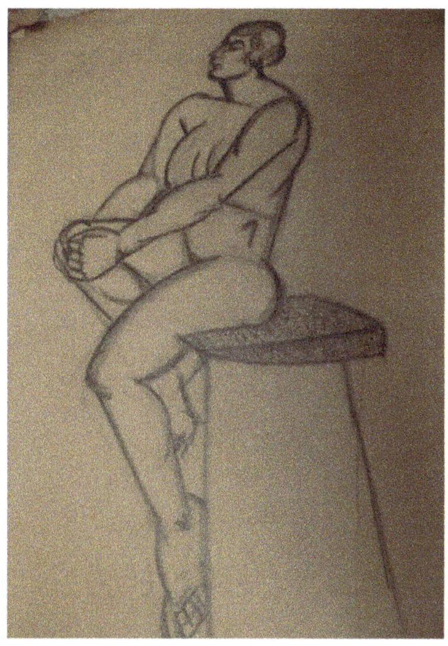

Рисунки из тетрадей 1920–1922 гг. Бумага, сангина, графит

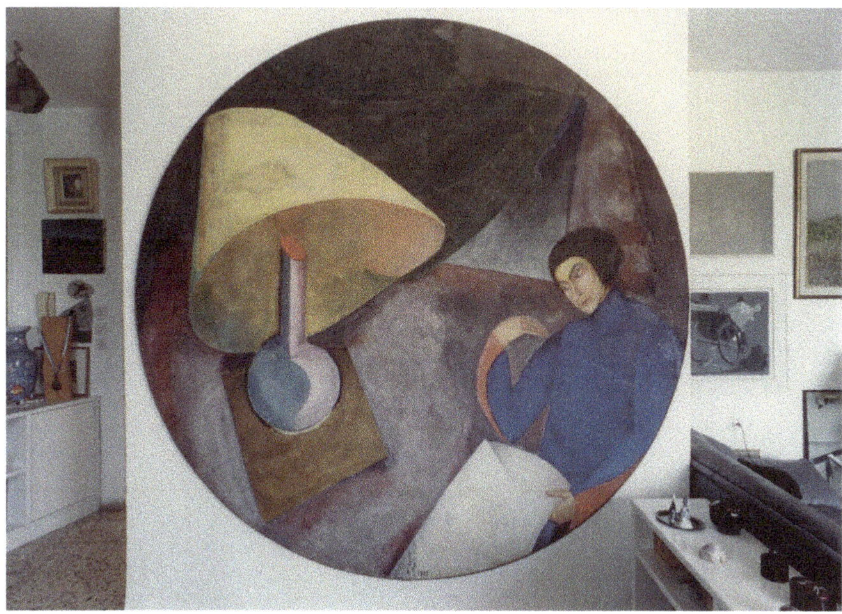

Он же, Ян, помог мне привести в порядок другое полотно маслом кисти **Веры Рохлиной** (урожд. Шлезингер, 1896–1934), которое я тоже вытащил из этой пыли. После нашего возвращения в Израиль он очень осторожно прикрепил его к подрамнику и научил меня раз в несколько дней чуть-чуть сбрызгивать водой и подтягивать холст, вбивая клинья в пазухи подрамника с его оборотной стороны. Известный художникам прием, но, конечно же, неизвестный мне. Картина была полностью приведена в порядок уже в начале восьмидесятых годов, и с тех пор мы наслаждаемся ею.

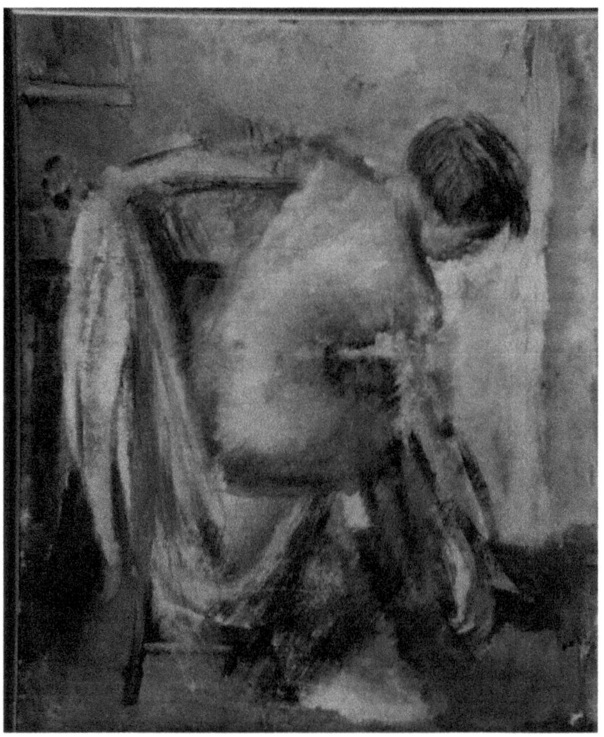

Вера Рохлина

Кстати, реакция Мандель, когда я извлек из пыли эту работу, была: «Это Верочка Рохлина», и поскольку я такой художницы не знал, она добавила: «Ее мужем был…» Мандель произнесла знакомое мне имя художника русского авангарда, и я был уверен, что не забуду его, но я запомнил лишь имя Вера Рохлина, поскольку хорошо знал великого ленинградского математика Владимира Рохлина и фамилию Веры забыть не мог, а вот фамилию художника, которого Мандель назвала ее мужем, забыл. Имя художницы Веры Рохлиной в те годы было абсолютно неизвестно — оно взлетело только в двухтысячных, и я думал, что узнать имя человека, бывшего ее мужем в тридцатые годы (перед ее самоубийством), не составит труда, но это оказалось не так. Здесь кроется какая-то тайна. Мандель не могла ошибиться: Вера была ее ближайшей подругой, но ни одна биография Рохлиной не указывает на какого-либо художника в качестве ее второго мужа. Впрочем, возможно, это был гражданский брак.

В том подвале мы нашли еще много интересных работ. Валя забрала себе немало полотен, на которых можно было рисовать (мне было жаль каждое полотно, которое она забирала с этой целью). Возможно, я заплатил ей что-то за несколько картин, которые взял себе (точно я этого уже не помню).

На следующий день мы на неделю уехали на конференцию в Англию. Вернувшись в Париж, я решил позвонить Мандель, чтобы еще раз поблагодарить ее. Было очевидно, что она обрадовалась моему звонку и предложила нанести ей визит. И вот мы с женой и дочкой, но уже без Вали приехали к ней. Это был замечательный вечер, и я перескажу вам истории, рассказанные нам Лидией. Ее муж не говорил по-русски и, вероятно, поэтому, поздоровавшись, вышел в другую комнату. Его мы больше не видели, хотя говорить мне с ним через несколько лет пришлось.

Но сначала Мандель спросила меня, не могу ли я вернуть ей одну картину, которую нашел в подвале, — такую с пробивающимся сквозь покрывающие ее пыль и грязь голубым пятном. Я должен сказать, что мы с женой особо отметили это полотно и даже обсуждали, что это может быть Дюфи, но из-за слоя пыли это нельзя было решить наверняка. Я собирался по возвращении в Израиль очистить и отреставрировать эту картину. Мандель нервничала. Она сказала, что одна из ее подруг напомнила ей, будто в начале тридцатых Лидия подарила ей эту картину, и теперь эта подруга хотела получить ее назад.

Моя мгновенная реакция, естественно, была такой: «Конечно же, она в багажнике моей машины, и я немедленно принесу вам ее». (Мы с женой не поверили словам Мандель о подруге и решили, что правы в этой своей догадке относительно Дюфи.) Я принес эту работу Лидии, к большому ее облегчению. Она сняла со стены свою работу (на ней была изображена молодая женщина в черной шляпке) и протянула мне ее со словами «Хотите взамен мою девочку на память?» Мы были, конечно же, счастливы.

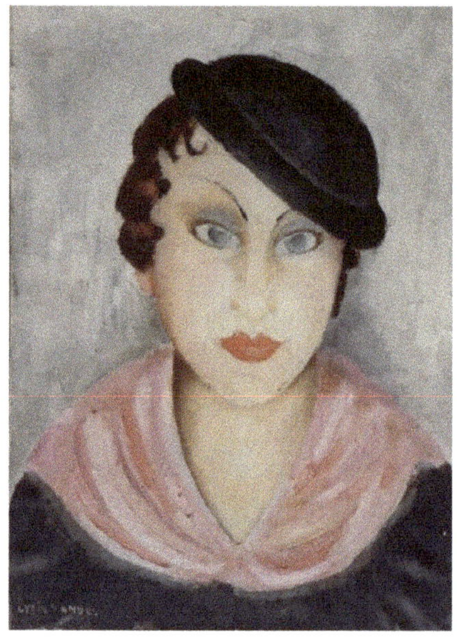

Женщина в шляпке. Масло

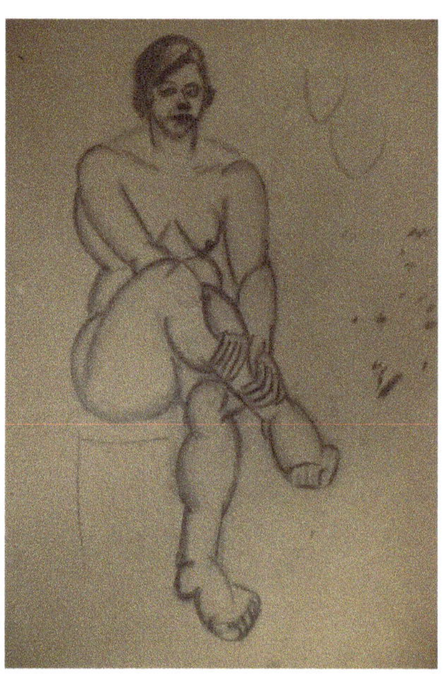

Рисунок графитовым карандашом нач. 1920-х из найденной у Л. Мандель тетради

ИСТОРИИ, РАССКАЗАННЫЕ ЛИДИЕЙ МАНДЕЛЬ

Лидия Мандель была очень дружна с **Владимиром Маяковским**. Ее племянник писал ей из Москвы, что видел фотографию Маяковского с ней, Мандель, в квартире, со временем ставшей музеем Маяковского.

Однажды Маяковский посетил Париж и встретился там с Мандель. Они гуляли по Шанз-Элизе, и Маяковский предложил Лидии посидеть в каком-то кафе. Лидия заметила, что это очень дорогое кафе и лучше будет посидеть в другом — тут их полно, и кофе везде варят одинаковый. Но Маяковский заупрямился. «У меня есть деньги!» — гордо сказал он.

Они зашли в предложенное им кафе. Когда пришло время расплачиваться, Маяковский протянул официанту стофранковую купюру — по тому времени очень большие деньги. Официант взял ее и удалился. Маяковский побледнел: в России официант не уходит с деньгами и рассчитывается с клиентом на месте. Мандель поняла, что Маяковский решил, будто их кофе стоит сто франков. Она захотела поиграть на его нервах и ничего не объяснила ему, а просто продолжила небрежно болтать. Официанты в Париже не торопятся возвращаться со сдачей — дают посетителям посидеть и поговорить. Прошло какое-то время, и официант вернул Маяковскому сдачу (Мандель же, смеясь про себя, наблюдала за ним), и тогда лицо поэта снова стало нормального цвета.

* * *

Мандель удивило, как хорошо мы с женой знаем искусство русского авангарда и имена художников, многие из которых были ее друзьями либо просто знакомыми. До приезда в Париж в 1919 году она училась у Машкова, в Париже была особенно близка с Рохлиной (до самой ее смерти), а после с четой Делоне. Роберт Делоне умер рано (1885–1941), но Соня Делоне (1885–1979) была жива, и хотя была намного старше Мандель, пережила и ее.

Рассказы о невероятно пробивной Соне не запомнились мне. Это были обыденные истории продвижения себя (и мужа), однако беседа о ней с Лидией сблизила нас. В какой-то момент мы коснулись **Пикассо**, и я позволил себе слегка покритиковать его подход к искусству. Конечно же, Пикассо обладал невероятным мастерством и вкусом, он был техничен и плодовит, но я ученый, и вопрос о первооткрывательстве, об авторстве идеи, важен для меня. У меня не вызывает сомнения, что все «открытия» всех своих основных этапов Пикассо заимствовал у других художников. Я знаю лишь один стиль из десятков, а возможно, и сотен стилей, в которых он работал и который, по моему мнению, принадлежал ему и был его душой и его открытием. Это я и сказал Мандель, но очень мягко, боясь произносить столь «кощунственные» слова. И… о Боже, она согласилась со мной, но тоже немножко боясь своих слов. И тут же рассказала мне одну историю.

Как-то раз (это было еще в двадцатые годы) она сидела в кафе с Пикассо и Леже (как это сегодня звучит!). Пикассо спросил у Леже, давно ли он прогуливался по бульвару Монпарнас. «Очень давно, — ответил Леже. — Школа, студенты, работа — совсем нет времени». — «А зря, — сказал Пикассо. — Я вот вчера прошвырнулся — столько интересных идей можно подхватить!»

Мандель призналась, что была шокирована этим признанием. Великий маэстро, : уже очень известный и дорогой художник Пикассо «подхватывает» идеи у начинающих и, как правило, нищих художников! А ведь мастер способен мгновенно написать десятки работ в «подхваченных» стилях и тем самым уничтожить талантливых, но еще по-настоящему не рожденных художников. Лидия полстолетия помнила этот диалог и поделилась им со мной.

Я на мгновение отойду от Мандель и вернусь к Пикассо. Много лет спустя в Париже открылся Музей Пикассо, и поначалу там была выставлена только его личная коллекция, то, что он сам хранил в своем доме. Среди этих работ не было картин голубого и розового периодов и других полотен известных его стилей. У себя дома Пикассо оставлял работы только одного стиля, именно того, который я еще в беседе с Мандель определил как его уникальный стиль.

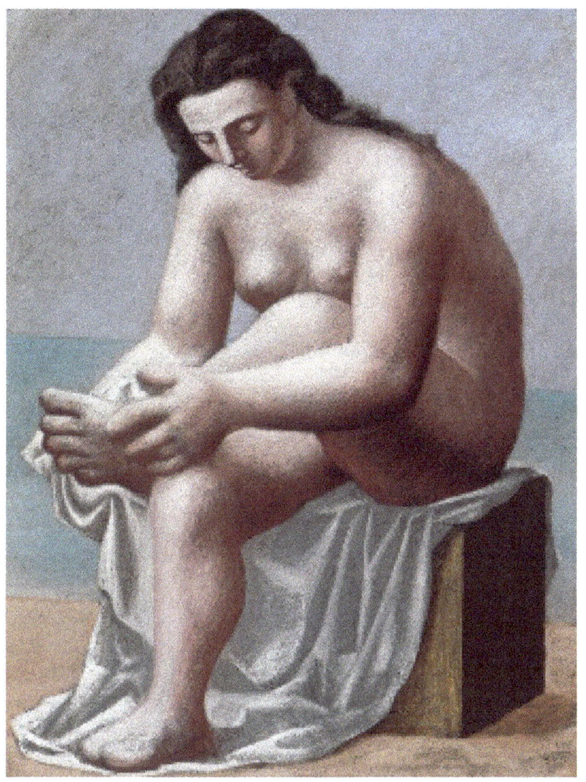

Женщина с шипом. Масло, 1921 г.

Кроме художников, мы говорили о многих других деятелях культуры. Оказалось, что Мандель никогда не слышала о Михаиле Булгакове. Его слава еще не пришла из России в Париж. Я обещал прислать ей «Мастера и Маргариту», что и сделал по возвращении в Израиль. Она была в восторге и в ответ прислала нам письмо и позже разукрашенную ею новогоднюю открытку.

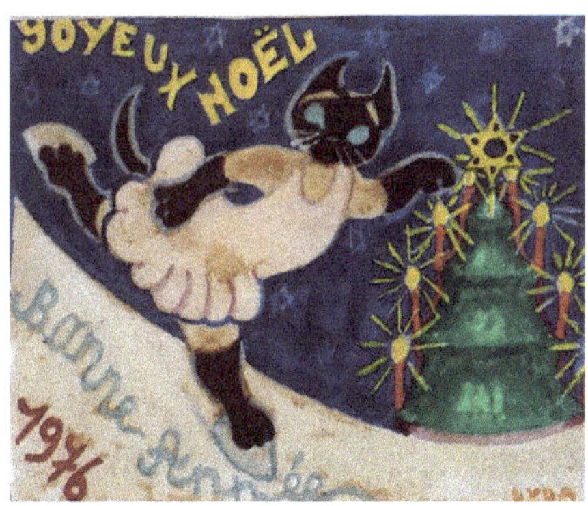

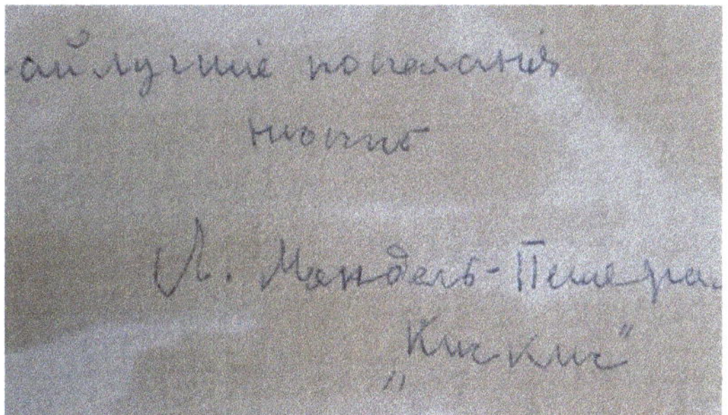

На этом мои контакты с Лидией Мандель, едва начавшись, закончились. Но я покажу вам еще один ее рисунок. У меня их, возможно, сотни, и мой выбор случаен: это то, что у меня сфотографировано.

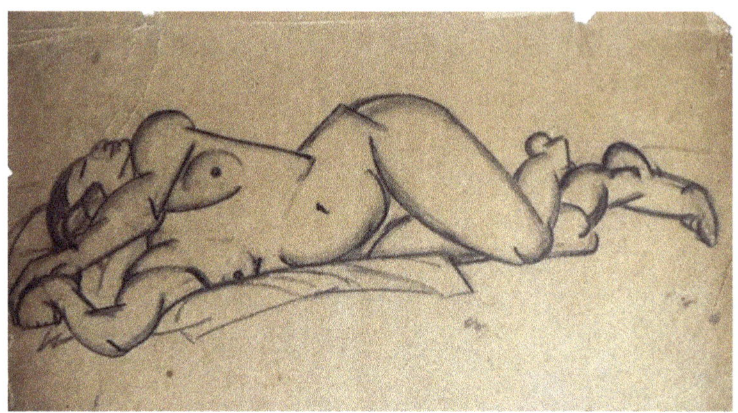

Пару лет я не был в Париже и вернулся в него снова, кажется, в семьдесят восьмом году. Я позвонил Мандель. Трубку взял ее муж и сказал, что Лидия умерла. В Ницце, где они отдыхали прошлым летом, ее сбила машина. Она еще долго лежала в больнице и даже нарисовала там для мужа картинку. Ее и похоронили в Ницце. Я был в таком шоке, что не мог говорить.

Позже я снова позвонил мужу Лидии и спросил его, могу ли я увидеть ее картины и какие-то из них купить (кстати, он помнил наш давний визит). Его объяснение, почему у него нет работ жены, было странным, во всяком случае я не понял его. Сочтя это свое непонимание следствием языковых проблем, я сразу же поехал к моему другу Жилю Пизье (Gilles Pisier), тоже математику, чрезвычайно сегодня известному, чтобы попросить его позвонить мужу Мандель и помочь мне понять ситуацию. Я объяснил Жилю, что моего английского, по-видимому, недостаточно, чтобы понять причину отказа, однако выяснилось, что я просто плохо знаю некоторые французские реалии. Лидия Мандель заключила с кем-то договор пожизненной ренты (обычная для Франции ситуация). Этот кто-то всю жизнь выплачивал Лидии пенсию, а после ее смерти к нему перешла ее квартира, в то время как муж Лидии получил неделю времени, чтобы освободить жилье.

Новый хозяин хорошо обошелся с вдовцом: он позволил ему остаться до конца своих дней жить в маленькой комнатке для прислуги, однако муж Лидии вынужден был избавиться от всех ее картин (я думаю, он просто не понимал, какой замечательной художницей была его жена), поскольку в его комнатушке они поместиться не могли. Мужчина позвонил в несколько галерей. Слова галерейщиков звучали неутешительно: «Кто сейчас помнит Мандель?» либо «Мы позвоним в Лондон. Может быть, кто-то там захочет купить ее картины...» (Как мы скоро увидим, они просто сбивали еще не назначенную цену.) Однако муж Лидии ждать не мог. Он погрузил все работы на извозчика и отвез их на Монпарнас, на рынок предметов искусства. Ему «повезло», сказал он нам по телефону: кто-то проходил мимо, увидел эти работы и забрал сразу все! Этот кто-то понимал в живописи и, не сомневаюсь, удивился своей удаче! Работ было много: я помню, что вся квартира была заставлена ими — на стенах места им уже не было. Муж Лидии, я думаю, отдал картины очень дешево. На следующий день ему стали звонить из галерей — все были готовы купить работы Мандель, и все были в шоке, узнав, что прошляпили.

Я плакал, узнав эту историю, этот конец.

ПОСЛЕСЛОВИЕ

Тетради Лидии Мандель с рисунками, которые мы нашли в ее кладовой, были пропитаны сорокалетней пылью. И бумага в этих тетрадях была очень хрупкой. Я годами аккуратно перелистывал их и сдувал с них пыль. В итоге они приняли более-менее нормальный вид. Некоторые тетради я расшил и картинки вложил в альбомы. Так я и храню их по сей день.

Все художники, которые посещали меня и видели эти тетради, очень высоко оценивали рисунки Лидии. Их ставили выше рисунков многих известных авангардистов, а также ее, Мандель, подруг, например Сони Делоне. Но Соня была невероятно пробивной женщиной, а Мандель — тихой и скромной. К сожалению, успех определяется не только и не столько талантом, сколько его комбинацией с деловой активностью, не имеющей никакого отношения к таланту.

Однажды известный в Израиле и России художник Михаил Гробман увидел у меня эти рисунки и предложил мне обмен некоторых из них на его работы и работы очень известного советского художника Владимира Яковлева (1934–1998), так что у меня теперь есть несколько работ Гробмана и три хорошие работы Яковлева в обмен на несколько рисунков Мандель. Я согласился на обмен не потому, что предпочел Яковлева либо Гробмана Лидии Мандель. Нет, просто Гробман был и остается очень активной личностью, и я надеялся, что он приложит усилия к тому, чтобы эта великолепная художница стала более известной. Мы с женой очень любим ее большую авангардистскую картину-круг — подарок Лидии, висящий в нашей гостиной, — и работу маслом «Женщина в шляпке». Это единственные картины маслом Лидии Мандель, которые у нас есть.

Напоследок история, которая может показаться смешной. Мы недавно меняли свою квартиру и новую подбирали так, чтобы в ней можно было повесить «круг» Лидии Мандель (эта картина очень большая: ее диаметр 220 см), так вот найти такую квартиру было задачей нетривиальной.

Мы очень любим все рисунки Мандель. Мы дарим их людям, которых мы тоже очень любим. Так что в нашем кругу ее имя хорошо известно.

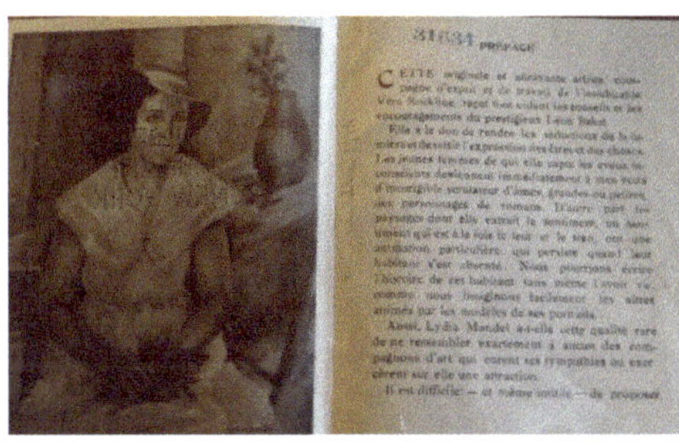 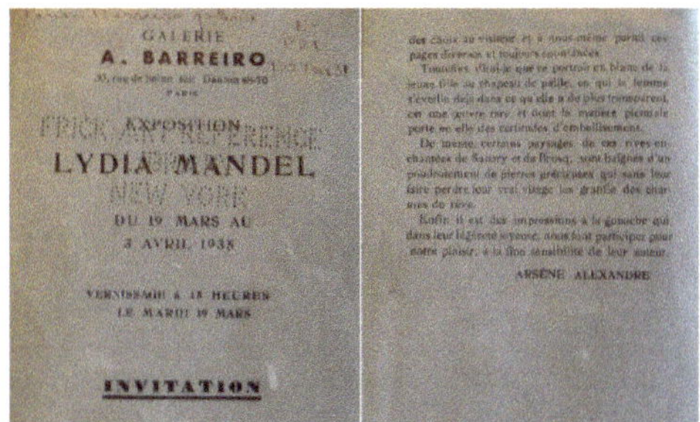

Это страницы приглашения на выставку Лидии Мандель, состоявшейся в 1935 году. Я нашел их в музее «Коллекция Фрика» в Нью-Йорке.

Ира Рейхваргер (Рылеева)

(1951–2002)

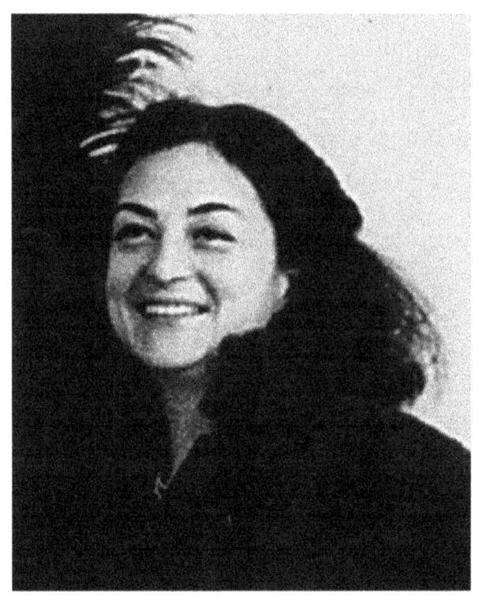

"Я работаю с мягкими материалами и эти материалы определяют характер моей работы.

Молодость, красота — понятия киноискусства. Я скульптор и имею дело с формами. Это благороднее.

Это не красивые и не уродливые женщины. В процессе моей работы это не груди, а скорее линии, формы. Это абстракция. Человеческое тело — просто отправная точка моей работы..."

Ира Рейхваргер

Рылеева — да, Рылеева, и она — потомок того самого повешенного декабриста.

Но мой рассказ не о ее происхождении и не о ее жизни, он об Ире — гениальном художнике и скульпторе. Кстати, фамилия Рылеева была у нее от матери, Зои Васильевны Рылеевой, известного скульптора.

Отца она не знала, хотя знала, кто он: украинский архитектор Алексей Александрович Таций.

В начале семьдесят третьего года Ира с мужем Яном Раухвергером переехала в Израиль. Ян тоже превосходный художник, но он, слава Богу, жив, и мой рассказ только о погибшей Ире.

Она была замечательной женщиной с невероятно трагичной судьбой, как это нередко бывает с наделенными огромным талантом людьми.

Мы — я и моя жена Людмила — переехали в Израиль в конце июля семьдесят третьего года. Уже через несколько месяцев мы познакомились с Ирой и Яном, которые как раз перебрались с севера Израиля, куда их поселили по приезде, в Тель-Авив. У них еще не было детей — дочка Мириам и сын Мотя родились позднее. Эта семья нам очень понравилась, и мы стали друзьями на всю жизнь, то есть с Яном дружим до сих пор, а с Ирой — до ее преждевременной смерти.

Этой дружбе, конечно, способствовало наше увлечение искусством.

В тот первый период жизни в Израиле всем нам было очень трудно, и жили мы бедно, но мне хотя бы платили зарплату (я сразу получил должность профессора в Тель-Авивском университете), а Ян и Ира, люди свободной профессии, жили на какие-то мизерные пособия.

Ян — профессиональный художник, выросший до уровня одного из лучших художников Израиля, а по мне — лучший художник страны. Тогда он был совсем молодым, а кто покупает картины молодых начинающих художников? Очень мало людей чувствуют живопись так глубоко, что тратят деньги на приобретение живописного полотна, восхитившись им. Покупая картину, люди также думают о том, сколько денег они теряют и сколько, продав ее, смогут приобрести, поэтому жить с продажи картин молодой семье художника очень трудно. С моей маленькой стартовой зарплаты я все равно умудрялся что-то покупать из живописи. Сегодня смешно вспоминать, как трудно нам было купить за двести пятьдесят долларов картину маслом «Книги», которую десятилетия позже Музей Израиля в Иерусалиме выставлял в своем павильоне на одной из огромных выставок Яна, отражающей четверть века его работы в Израиле.

Но мой рассказ об Ире. А Ире было «запрещено» рисовать. Этот «запрет» должен показаться странным. Дело в том, что Ира, как и Ян, была ученицей великого русского художника Владимира Вейсберга. Когда Ира и Ян поженились, их учитель Вейсберг сказал, что в семье оба супруга быть художниками не могут. «Семья должна с чего-то жить, а живопись жизнь не оплачивает, поэтому, — сказал он, — Ян продолжит учиться искусству, хотя он и так уже зрелый художник, а ты, Ира, только-только начинаешь и найдешь себе что-нибудь другое».

ИРА-СКУЛЬПТОР

Слово учителя для учеников было почти что святым, и Ира сочла, что не имеет права рисовать, поэтому, приехав в Израиль, стала искать, чем бы заняться для заработка. Но талант взял свое, и «от нечего делать» Ира стала создавать кукол из ваты.

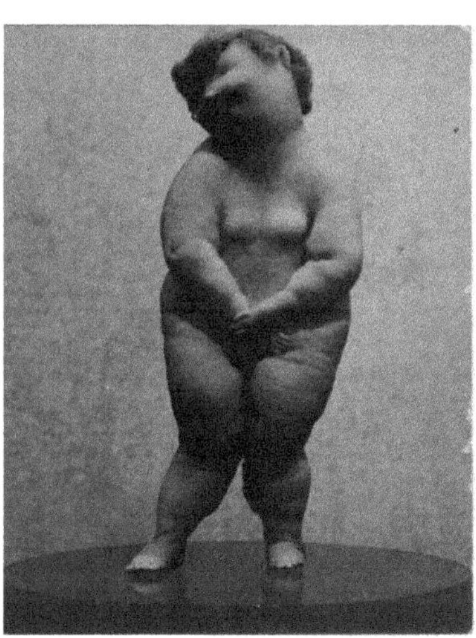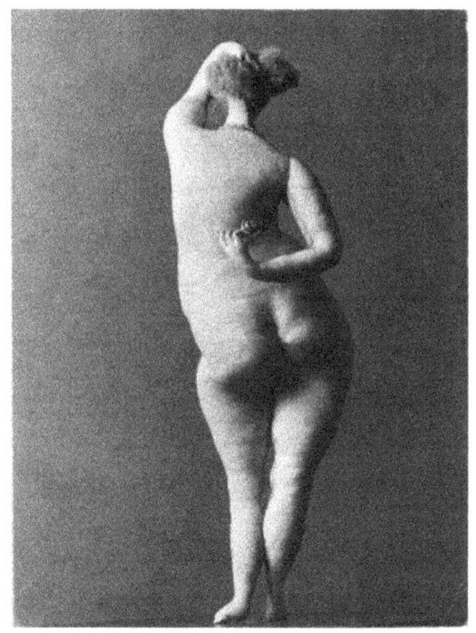

Формой для ваты служили капроновые чулки. Это было чудо! В этой «технике» Ира умудрялась создавать даже портреты. Мы узнавали людей, хотя те представали немножко в карикатурной форме, в виде шаржа. Моя жена Люда собирала для Иры у всех знакомых порванные капроновые чулки, и Ира, набивая их ватой, создавала свои произведения искусства.

Работающий с Яном галерейщик Цви Ноам увидел это чудо, эти куклы-образы, и открыл выставку Ириных работ, показав на ней все, что Ирой к тому времени было сделано. Очень многие из этих кукол «списаны» с образов проституток, которые в то время прогуливались по идущей вдоль моря улице Яркон. Вечерами Ира стояла в каком-нибудь подъезде и, подглядывая за уличными проститутками, зарисовывала их. А затем создавала кукол. Я думаю, так было положено начало искусству мягкой скульптуры.

Итак, Ноам организовал Ирину выставку в своей галерее, и произошло нечто совершенно неожидаемое. На выставку, в полную Ириных работ галерею, зашел человек и сказал галерейщику Цви, что покупает... всё. Это была сенсация! О ней писали. Конечно, выставка продолжалась все положенные ей дни. Ну, а потом все Ирины работы были проданы этому человеку. Он оказался тоже известным галерейщиком Рихтером, владеющим галереей в старом Яффо. Очень хорошей галереей!

Я ненадолго отвлекусь. Много лет спустя один мой друг и очень известный художник намного старше меня, Фима, рассказал мне, что стояло за этой историей.

Он видел Ирины куклы, он был другом Иры и Яна, и перед этой выставкой он сказал Рихтеру, мол, пойди к Ноаму и посмотри эти гениальные произведения.

Рихтер не нуждался в деньгах: его очень богатые родители ежегодно присылали ему из Америки огромную сумму (я слышал даже о миллионе долларов, но это, скорее всего, преувеличение). И он очень полюбил Ирины работы — как мы увидим, к великому ее несчастью. Он подписал с Ирой договор о поставке ему по фиксированной цене по крайней мере двух кукол в месяц. Он также получил право на приобретение всех Ириных кукол. Цена за куклу была небольшой, но это предполагало стабильную зарплату, и Ира была счастлива. Дело не в том, что очень скоро она могла бы получать за этих кукол в десять раз больше, — дело в том, что он так любил ее кукол, что отказывался их продавать. Израиль слышал о них, знал о них, но их не было в продаже. У меня есть с тех времен одна кукла, но она была подарена нам с Людмилой, и это одна из первых Ириных кукол, созданная ею еще до истории, которую я сейчас рассказал

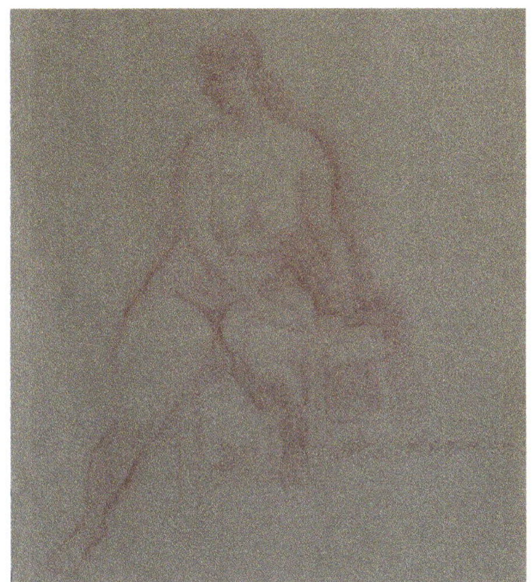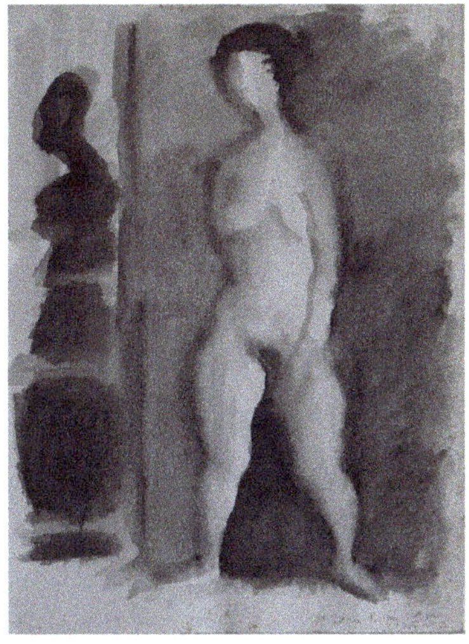

Рисунки-заготовки для будущих кукол – скульптур

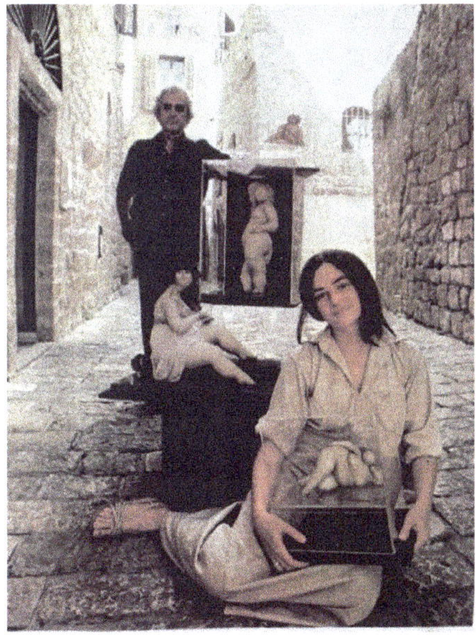

Рихтер с Ирой и ее куклами.
Яффо. Фото Арнольда Ньюмана

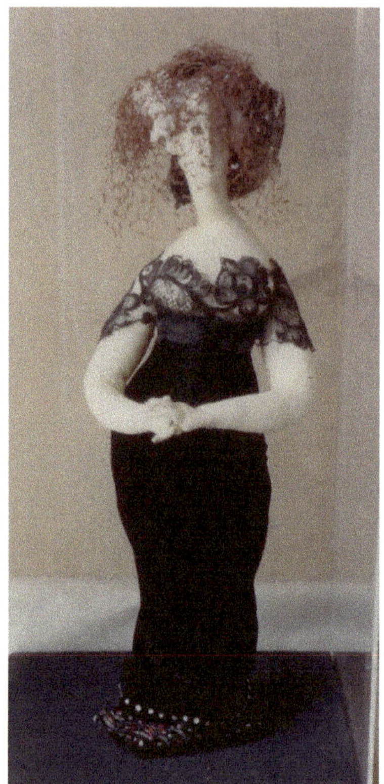
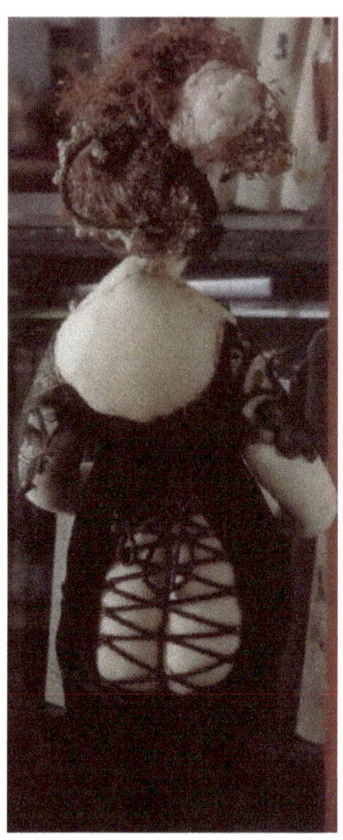

Наша кукла «Певица с сюрпризом»

А теперь я расскажу три короткие истории того периода, которые показывают уровень Ириной известности.

* * *

В Израиле уже много лет работает журналист Ярон Лондон. Он и сейчас ведет на радио свою часовую программу, но в прежние годы он к тому же был невероятно известен и считался умным и интеллигентным человеком. У него была получасовая еженедельная программа, очень популярная, и одну из них он полностью посвятил Ире. Рассказ о ее куклах, сама Ира, а также Лондон были великолепны, и программа прошла на ура.

* * *

Вскоре после этого, думаю — в семьдесят шестом году, я улетал в Нью-Йорк. У Иры в Нью-Йорке жил брат по матери, и Ира попросила меня отвезти ему в подарок одну из своих кукол. Конечно, я не мог положить ее в сдаваемый багаж и взял с собой в салон самолета. Я вез эту куклу в руках в обернутом материей стеклянном футляре. Естественно, женщина из службы безопасности попросила меня развернуть материю. Увидев куклу, она закричала другим девушкам на посту: «Ира, Ира!», и вся служба безопасности сбежалась посмотреть на куклу. А я стал почетным пассажиром.

* * *

Моя третья история произошла уже весной семьдесят девятого года. В течение 1978/79 учебного года я находился в Шаббатоне («Субботнем годе») и проводил его с семьей в городе Олбани — столице штата Нью-Йорк. В самом Нью-Йорке проходила первая ярмарка произведений искусства. В каком-то гигантском здании огромнейший зал разделили на небольшие комнатушки-клетушки, каждая из которых представляла определенную галерею. Таких галерей со всего мира было невероятное число.

Американские галереи на этой ярмарке представлены не были. Там были комнатки, полные полотен Шагала, и другие комнатки, полные творчества многих других великих или просто очень известных художников и скульпторов. Больше всего людей было в той комнатке, в которой Рихтер демонстрировал кукол Иры. Это был невероятный, абсолютный успех! Мягкая скульптура как вид искусства появилась на моей памяти в Нью-Йорке после этого вернисажа.

Ира и Ян не говорили по-английски и не до конца понимали происходящее, я же стал свидетелем следующего разговора. Некая женщина подошла к Рихтеру и сказала:

— Я представляю Лос-Анджелес. (Может быть, я забыл, и это был Сан-Франциско.) Я хочу купить этих кукол.

— Все продано на два года вперед, — ответил Рихтер.

— Запишите меня, пожалуйста, в очередь после этих двух лет, — попросила женщина.

Трагедия состояла в том, что это была ложь. Рихтер ничего не хотел продавать, и этим он остановил Ирин взлет.

Ира видела это, знала это и очень переживала по этому поводу. Приблизительно в начале восьмидесятых известный израильский писатель Эфраим Кишон заинтересовался куклами Иры. У его жены Сары Кишон была собственная галерея, и супруги Кишон начали покупать картины Иры на регулярной основе. Договор с Рихтером утратил свою силу. Эфраим Кишон бОльшую часть времени жил в Швейцарии, и большинство кукол Иры уходило туда. Однако галерея Сары была в Израиле, так что продавала она их тоже в Израиле. Сара стала платить Ире больше, чем платил Рихтер, и хотя супруги Кишон тоже очень любили ее кукол и в основном оставляли их себе, но также и продавали их.

* * *

Через тридцать с чем-то лет, когда уже не было Иры и не было Рихтера, Ян, подготавливая выставку кукол Иры в музее кибуца Эйн-Харод, нашел на складе принадлежавшей уже кому-то другому галереи Рихтера склад с запыленными Ириными куклами. Многие из них он сумел отреставрировать, но какие-то реставрации уже не подлежали. Он, Рихтер, не берег и не продавал их!

Но и у наследников четы Кишон многие куклы пребывали в плачевном состоянии.

Конечно, можно подумать, что куклы из ваты не могут жить долго, но это совершенно не так. У меня есть две Ириных куклы, и до сих пор, вот уже сорок пять лет, они в идеальном состоянии. Они хранятся в стеклянных футлярах и выглядят точно так же, как в тот день, когда впервые появились у меня, и мне ни разу не пришлось реставрировать их. Наоборот, мне приходилось реставрировать многие картины, которыми я владею и которым меньше лет.

Вот еще несколько работ семидесятых-восьмидесятых годов.

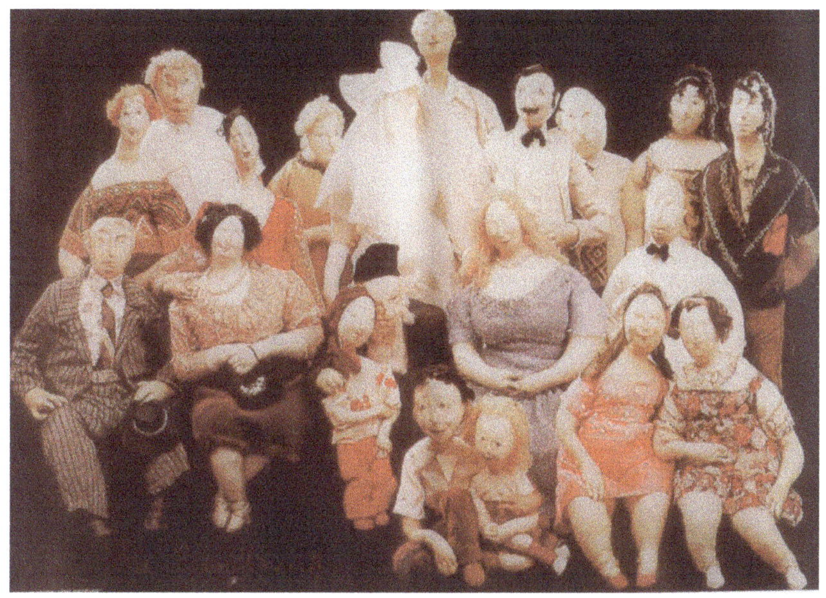

Свадьба. 1975. Музей Израиля. Фото Нахума Слепака

Я хотел бы добавлять и добавлять работы этого периода, но вынужден остановиться. Впрочем, я все же покажу вам работу середины восьмидесятых, когда Ира уже предпочитала работать с бОльшими фигурами.

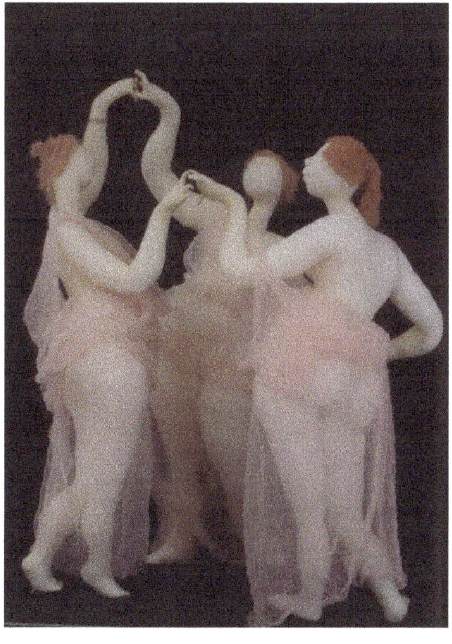

Три грации. 1985. Из коллекции Авивы и Ариэля Сарнат. Тель-Авив

Между этими годами — семьдесят пятым и восемьдесят пятым — у Иры был еще один ошеломляющий успех. Совместно с модельером Тамарой Йовел-Джонсе она подготовила специальную выставку кукол в стандартный человеческий рост (работа Иры), одетых в специально подготовленные к выставке наряды (работа Тамары).

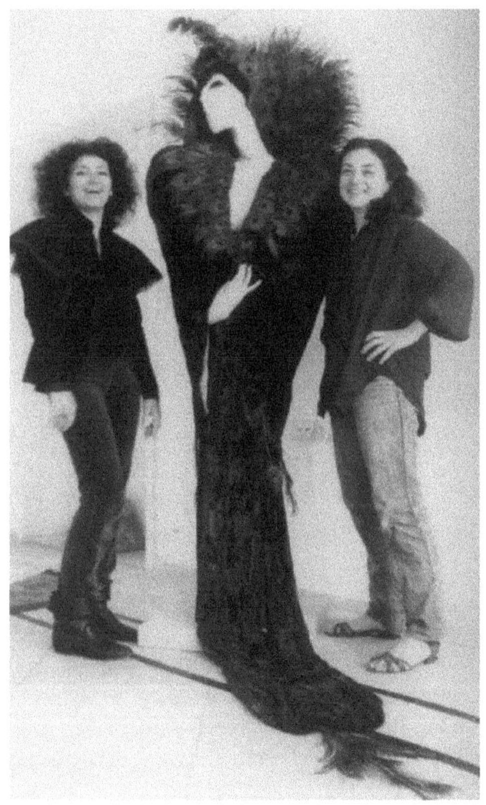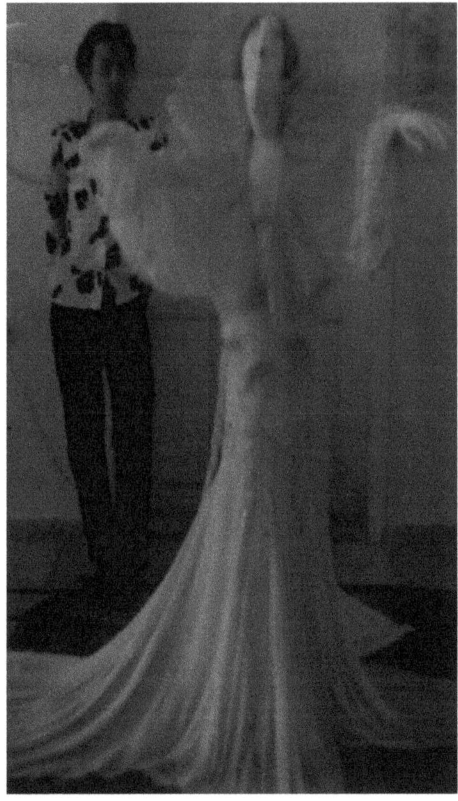

Выставка проходила в галерее «13 ½» в старом Яффо в восемьдесят втором году.

Вход был бесплатный, но, естественно, ограниченный, и люди на улице стояли в длинной очереди. Мы шутили: «Как в Мавзолей Ленина». Посол Соединенных Штатов в Израиле Сэмюэл У. Льюис за месяц посетил ее трижды. Каждого своего гостя он водил в галерею показать Ириных кукол и каждый раз записывал в Книгу посетителей выставки слова восхищения.

После галереи «13 ½» выставка переехала в Иерусалим и также с невероятным успехом экспонировалась в Музее Израиля.

С этой иерусалимской выставкой связана смешная история. Она демонстрирует юмор Иры, всегда оптимистичный, даже когда она пребывала в депрессии, о которой речь впереди. Однажды много месяцев спустя после закрытия той выставки мы посетили Иру с Яном. Ира была радостной. У нее было очень хорошее настроение. Она сообщила, что получила пять тысяч долларов от иерусалимского музея. «За что?» — спросил я. «Когда закончилась выставка моих кукол в Иерусалиме, музей не вернул мне кукол, а отправил их на склад. И вот что мне сообщили: кто-то из охранников изнасиловал одну из моих кукол. Теперь она испорчена, и музей выплатил мне страховку, — рассказала Ира, после чего добавила: — И что ему не понравилось в другой кукле?»

Это замечательный юмор, но очень печальный. Ира и Ян жили тогда на маленькие деньги, и эта сумма казалась им огромной.

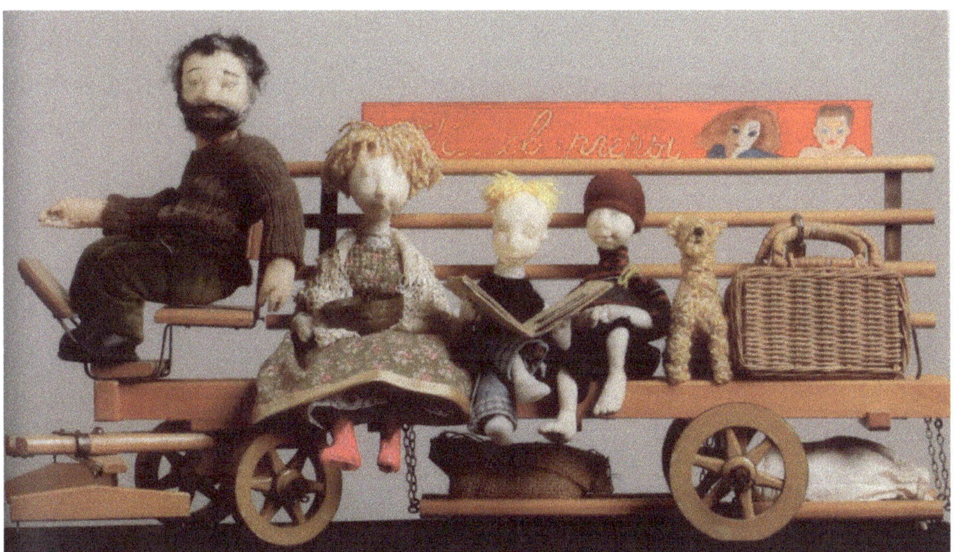

Я должен заметить, что к середине восьмидесятых годов интерес Иры к мягкой скульптуре поостыл. Интерес же к живописи стал центральным, хотя время от времени Ира возвращалась к куклам.

Вот скульптурная группа «Семья Яна», созданная Ирой в девяностые годы. Это был ее подарок уже ставшему на тот момент бывшим мужу к какому-то его юбилею. На ней вы видите семью Яна тех лет: он сам, его жена Галит и двое их, его и Галит, тогда еще маленьких детей, Даниэль и Надав, а также их собака. И все узнаваемы!

Депрессия

За успехом часто следует депрессия. За большим успехом — большая депрессия.

Возможно, внутри нас действует какое-то сродни наркотику химическое вещество, которое требует: «Делай еще и еще». Мы, ученые, тоже знаем это, но у нас есть длительный предваряющий известность этап: годы обучения, годы тяжелой подготовительной работы, наконец получение результата. Мы просто не можем не работать. Мы запрограммированы быть трудоголиками. Поэтому почти неизбежно в работе проскакивают периоды депрессии. В искусстве это тоже может быть так. Но может быть и иначе. Талант есть талант, и успех, невероятный успех может прийти до того, как привычка работать день и ночь войдет в плоть и кровь. И тогда случается трагедия, ведь не каждый найдет в себе силы преодолеть период успеха тяжелой работой. И часто, очень часто люди начинают пить.

Это случилось и с Ирой. Только тот, кто ни разу в жизни не приближался к такой известности, может сказать, что с ним этого не случилось бы. Конечно же, были «подруги», которые помогали ей пить, помогали не суметь преодолеть свою слабость, и пили они на Ирины деньги. Я не хочу даже называть их имена, чтобы они случайно не остались в истории. Так Ира фактически стала алкоголиком. Ян делал все возможное, чтобы вывести ее из этого состояния. Иногда казалось, что ему это удалось, но все возвращалось на круги своя. В итоге Ян не выдержал — и они развелись. Мне думается, что Ира даже хотела этого.

Все это время Ира рисовала, писала картины, а иногда делала кукол. Об Ире-художнике я расскажу чуть позже, а пока только отмечу, что Ирины друзья устраивали в ее огромном доме в старом Яффо выставки-продажи ее работ, чтобы собрать для нее деньги, которых у нее никогда не было. Мы с Людмилой часто приезжали к ней в гости и всегда покупали ее работы. Она раскладывала на полу свои рисунки, масло, акварели и говорила: «Выбирайте». Я хотел купить все, но Люда обычно говорила: «Куда мы все это повесим, у нас их уже полный дом?» Мы действительно складывали Ирины работы, как на складе. Места для них давно не было. Моя реакция обычно была такой: «Мы подарим их…» Следом я называл имена, кому.

Действительно, у всех моих друзей есть подаренные мной Ирины картины.

Она брала за них очень маленькие деньги. Я как мог увеличивал ее доход, покупая много работ. Не думайте, что я жадничал, — Ира отказывалась брать больше. «Они мало что стоят», — говорила она. Возможно, Ира оценивала тот труд, который был вложен в них. И действительно, часто это были моментальные наброски. Но они были замечательными!

Каждую работу, которую я не брал у Иры, мне было жалко оставлять. Вот в этом я был жадный, я хотел взять все (еще и потому, что их стоимость позволяла мне это). Позже, входя в квартиры наших друзей, у которых на стенах было много картин, мы с Людой сразу отмечали: «Смотри, какая там замечательная картина», а подойдя ближе, видели, что это Ирина картина. Ее работы есть в Париже, есть в Принстоне, есть в Бельгии и России.

К нашему сожалению, к нашему плачу, перед смертью Иры мы больше года не видели ее.

В своей квартире, в доме с высотой потолков более пяти метров, она устроила себе спальню на втором этаже, который сама добавила к половине комнаты. Забираться туда надо было по почти вертикальной лестнице. Ира упала с нее, ударилась головой и умерла. Ей было всего пятьдесят лет. Ее мать нашла Иру утром под лестницей.

Мурашки бегут по моему телу даже сейчас, двадцать лет спустя.

ИРА-ХУДОЖНИК

Конечно, запрет учителя рисовать, запрет быть живописцем не убил желания Иры рисовать, не убил ее желания быть живописцем. Уже в семьдесят третьем или семьдесят четвертом году, подготавливая материалы для своих кукол, Ира зарисовывала женщин, прячась в подъездах улицы Яркон. Эти рисунки сами по себе произведения искусства.

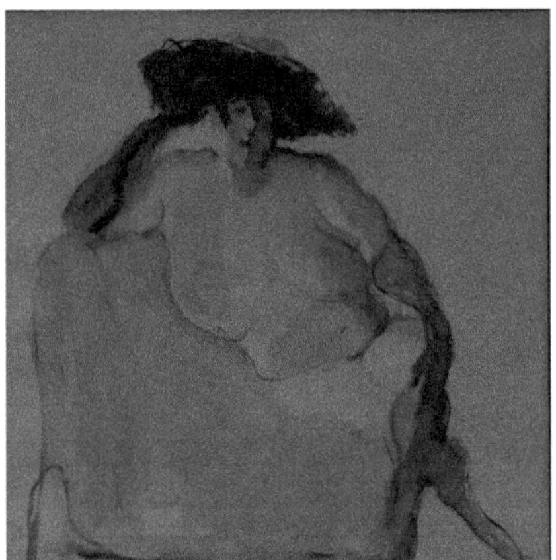

Затем она стала рисовать уже профессионально: целью были рисунки как таковые, не ради будущих кукол.

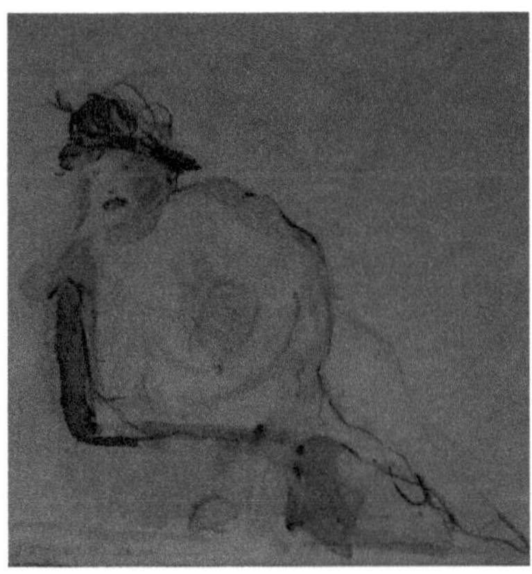

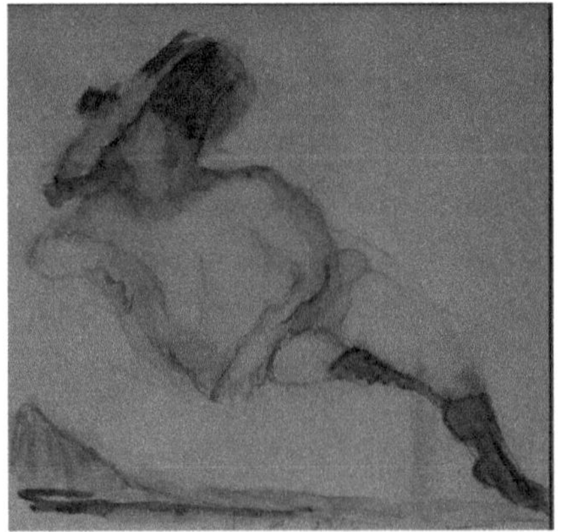

Вскоре пошли акварели, а затем и масло.

Чувственность ее картин была необыкновенной. Она сжимала сердце. Но линии и формы тоже были очень сильны. Так бывает: ты необыкновенно эмоционально привязан к работам какого-то художника. Ты все время хочешь на них смотреть, их чувствовать. Так было у нас с Ириными картинами.

Маслом Ира писала редко. Акварель и гуашь были для нее более привычным материалом.

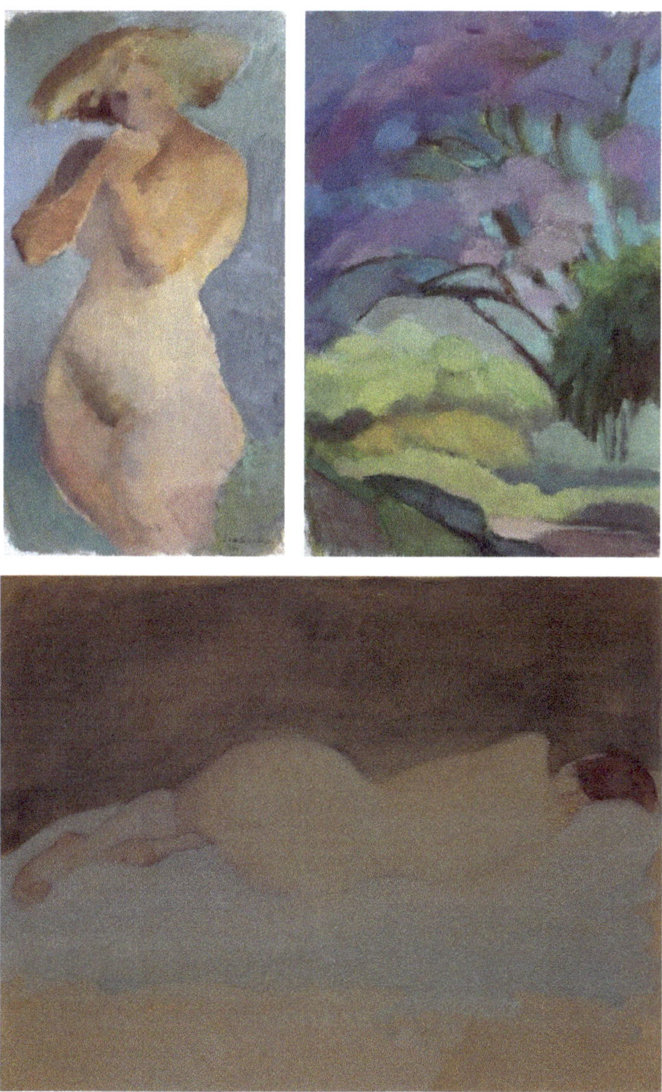

Кстати, у Иры было много собак, и она делала с них замечательные зарисовки.

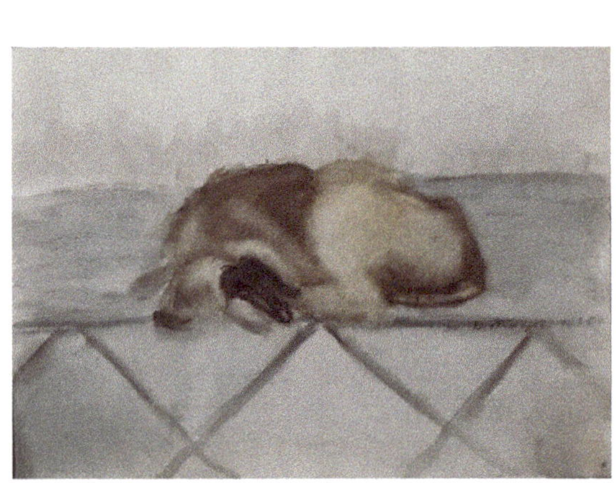
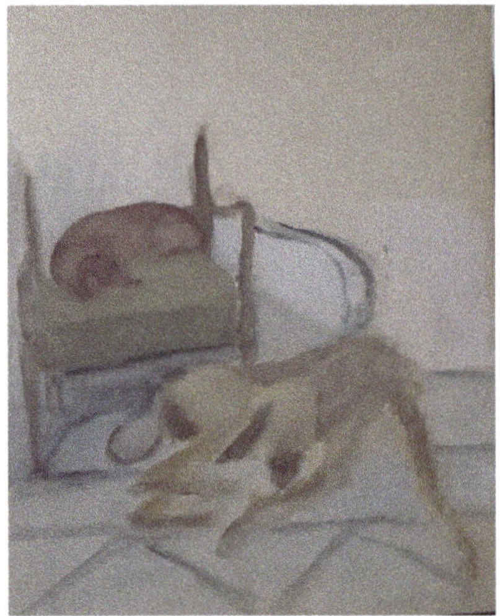

Написанный ею акварельный портрет дочери Мириам — это шедевр. Он висит у нас на стене, и создается ощущение, что она рядом.

Мало художников умеют так точно писать акварелью портреты с использованием светотени, как в живописи маслом. Конечно, Ирин учитель Вейсберг это умел. Мне трудно это описывать, и я лучше вам это покажу.

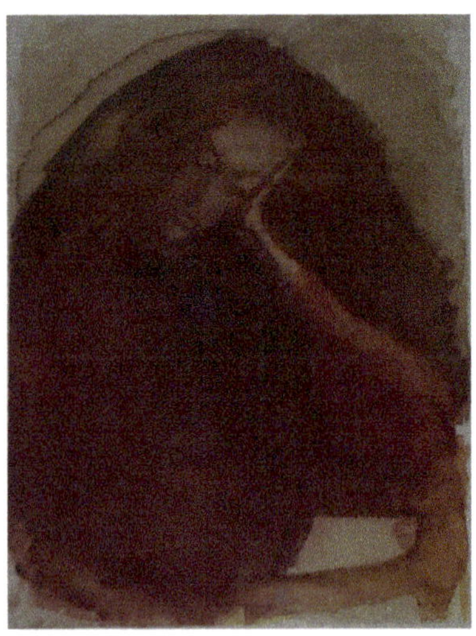
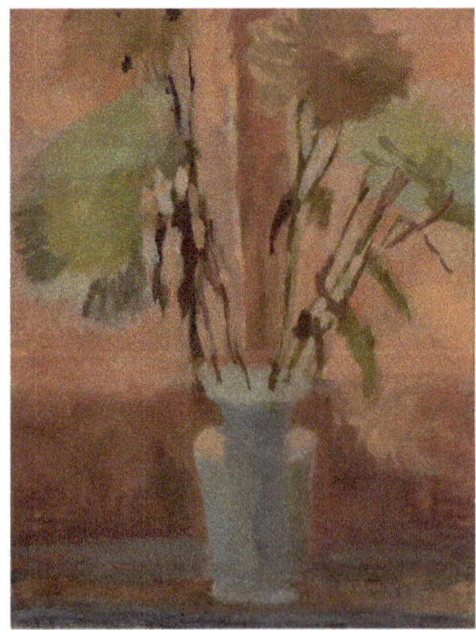

* * *

Несколько лет спустя после смерти Иры — я думаю, пять или шесть — мы с женой зашли в одну из картинных галерей на улице Гордон. Ее хозяин знал нас — возможно, когда-то мы купили у него на аукционе какую-то картину. Мы хотели купить картину маслом художника Фимы, но его картин в тот раз в галерее не было, и просто из любопытства я спросил, нет ли у него чего-нибудь Иры. Он ответил: «Ну что вы? Разве кто-либо, у кого есть Ира, продаст ее?» И я понял то, что давно и так знал: все так любят Ирины работы, что никогда не смогут их продать.

Несчастье от таланта!

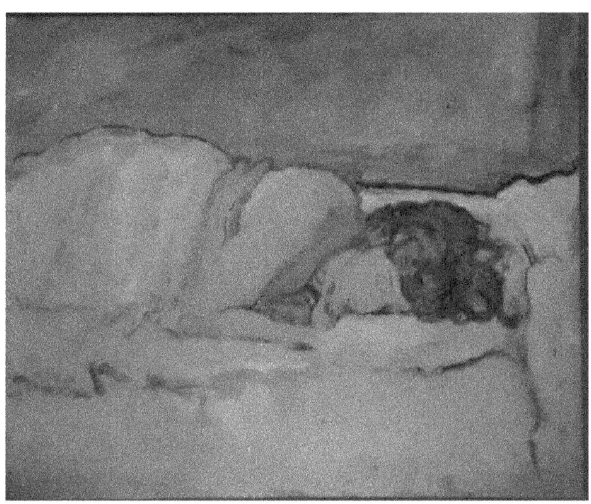

Я. Рейхваргер. Спящая Ира. Нач. 1980-х гг.

Март 2020 г.
(коронавирус удерживает нас дома
и дарит нам время для нашего хобби)

Легенды о художниках

Здесь я хочу поделиться различными историями и легендами о великих художниках. Это будет подборка хорошо известных или менее известных, но описанных в литературе событий. Возможно, причина, по которой я отобрал их, другая, нежели та, по которой писали о них другие люди. Также возможно, что одна или две из этих историй будут немного более оригинальными. Но я надеюсь, что все они интересны для неспециалистов — для любителей. Конечно, я не знаю ничего такого, чего не знали бы эксперты. Простите меня, эксперты: эти истории рассказаны не для вас.

Марк Шагал (1887–1985)
(при рождении Мовша Хацкелевич, впоследствии Марк Захарович Шагал)

Я не собираюсь рассказывать биографию художника (первый ребенок в бедной еврейской семье и т. д.). Скажу только, что Шагал с детства очень хотел быть художником.

На одном из домов главной улицы Витебска — города, в котором жила его семья, — была вывеска «Школа живописи и рисунка художника Пэна», и мальчик уговорил своего отца дать ему пять рублей, чего хватало на почти два месяца обучения в ней. Пэн посмотрел рисунки мальчика и решил взять его в обучение.

Через какое-то время мать Марка (которого звали тогда Мовша) спросила сына, что говорит ему учитель и чему учит его. «Ничего», — ответил сын. Возмущенная женщина отправилась в школу поговорить с учителем.

— Почему вы ничего не объясняете моему сыну? — спросила она.

— Потому что я не хочу испортить его, — ответил учитель.

У самого Шагала я прочел другое. Оплаченное время обучения подходило к концу. Надо было что-то нарисовать, и Шагал выбрал для выполнения задания фиолетовый цвет, которым для этой цели никто не пользовался. Это была наглость (по мнению самого Шагала). Пэн подошел, посмотрел и сказал: «Ты будешь еще год учиться у меня бесплатно». Вроде как наказал.

ВИдение мира Шагалом было весьма оригинальным. Он не только смотрел на вещи, но и вещи смотрели на него. Вы видите в его картинах эти неожиданные лица или только глаза, глядящие на вас из цветов и вещей. Они смотрят на вас. И не только вы изучаете их, но и они изучают вас.

Характер Шагала был необычным. Я уже описал одно такое необычное его проявление.

Коллекционеры Шагала рассказывали мне, что художника нельзя было оставлять с его старыми работами — он начинал подправлять их.

Шагал был очень остроумным человеком. В его книге «Моя жизнь» сплошной юмор.

Однажды в Париже мы побывали на выставке рисунков Шагала. Это были его ранние рисунки, еще из России. Он что-то подписывал на самих рисунках по-русски. Конечно, посетители выставки не понимали эти подписи, но мы читали и понимали их. На одном из рисунков человек стоял на кровати на голове. И ничего больше! Но была подпись «Нечего делать». Это было очень смешно.

Выражение вошло в мой речевой обиход. Теперь, когда я занимаюсь чем-то, что может выглядеть ерундой, я шучу над собой: «Нечего делать».

Поль Сезанн (1839–1906)
(и немного Эмиль Золя)

Во французском Провансе жили-были три друга: Сезанн, который мечтал стать художником, Золя, который мечтал стать писателем, и Батиста Байль, который мечтал стать ученым-химиком. Каждый стал тем, кем мечтал стать, но очень по-разному, и судьбы у них разные. (Ученым стать «проще всего» — нет сумасшедших поворотов в судьбе.)

Я хочу затронуть отношения между близкими друзьями — Полем Сезанном и Эмилем Золя.

Отец Сезанна был банкиром, и его семья в деньгах не нуждалась. Он хотел, чтобы сын пошел по его стопам — тоже стал банкиром. Отец говорил Полю: «Талант губит, а деньги кормят». (Возможно, почти вся история живописи последних ста пятидесяти лет в этой фразе.)

Мы знаем, что Сезанн стал художником, и художником величайшим, но процесс его становления не был простым, и признание к нему долго не приходило. А он его очень хотел и ждал. Официальный статус художника во Франции определялся принятием его картин на так называемый Парижский салон (ежегодную официальную художественную выставку). Картины на эту выставку отбирались специальным жюри. Оно было представлено так называемыми академиками — академиками искусства. Картины Сезанна ни разу не были приняты на эти Салоны. В 1874-м и 1877 годах он выставлялся с импрессионистами, но официальный Париж не принимал импрессионистов. Само слово «импрессионизм» в официальных художественных кругах было почти ругательством.

В то же время друг Поля Сезанна, Эмиль Золя, стал очень известным. Его статьи определяли моду, но о Сезанне он хвалебных статей не писал, причем по самой простой причине: он не понимал, как велик Сезанн. Возможно, он даже не понимал, что Сезанн просто очень хороший художник, потому что были художники, о которых он писал и которых я обхожу в музеях как абсолютно неинтересных.

Но Сезанн и Золя оставались друзьями.

Золя умер в 1902 году, за четыре года до смерти Сезанна. Имя Сезанна уже было известно более широкому кругу, но взлетело оно в 1904 году. На осеннем Парижском салоне 1904 года целый зал был отведен Сезанну. Это был первый настоящий успех — нет, настоящий триумф художника!

В это время жена Золя продавала все, включая дом, чтобы ей было на что жить. Оставшиеся после Золя сбережения не были большими. Разбирая рухлядь на чердаке, она наткнулась на картину Сезанна, которую он когда-то подарил Золя, а тот забросил ее на чердак. Стоимость этой картины уже тогда была больше всего, что осталось у семьи после Золя! Картина висит сейчас в музее д'Орсе. Это «Натюрморт с часами из черного мрамора».

Мне грустно. Так мы не замечаем находящиеся рядом с нами ярчайшие звезды, но иногда обращаем внимание на блеклые огоньки.

Анри Матисс (1869–1954)

Удивительно, что Матисс в двадцать лет почти случайно начал заниматься живописью. После операции по поводу аппендицита ему в больнице нечего было делать, и это стало началом рисования, а потом живописи. Меня всегда поражала сила его линии. Из линий Матисса исходит упругость, бьет энергия. Возможно, русский коллекционер Сергей Щукин раньше других понял силу и величие Матисса и начал покупать его картины, причем в огромных количествах.

После революции в России вся коллекция Щукина была экспроприирована, и Петербург (Ленинград) превратился в город с одной из самых больших коллекцией Матисса.

К этому я хочу лишь добавить маленький эпизод. Во время революции Щукин бежал из России. Он поселился во Франции в каком-то небольшом городке. Десятилетия спустя Матисс, который, как оказалось, жил неподалеку от этого городка, узнал, что совсем близко от него живет Щукин. Матисс позвонил Щукину и спросил, почему тот не связался с ним. Ответ был «Потому что у меня сейчас нет денег на покупку твоих картин». (Дружба, основанная на покупке картин?)

Джотто ди Бондоне (1266 или 1267–1337)

Джотто — величайший художник Возрождения. От него идет современное изображение природы и людей. До него они выглядели иначе. Есть легенда, согласно которой один из величайших художников позднего Возрождения, XV или XVI века, возможно даже Леонардо да Винчи, сказал, что художники — он сам и его современники — знают конечный результат своего развития, свою цель — прийти к уровню Джотто.

Я не стану объяснять, что он сделал в искусстве — у меня нет на это права, — но я хочу рассказать одну легенду о Джотто. На самом деле это две истории из его жизни, сросшиеся в одну легенду. Первая история — о том, как он попал во Флоренцию.

Джотто было десять лет. Он пас овец и, как всегда, заостренным концом камня выбивал очертания овцы на гладкой плите. Мимо проходил художник Чимабуэ из Флоренции. Увидел, поразился и предложил мальчику пойти с ним и учиться у него живописи.

Отец мальчика согласился на это, и Джотто отправился во Флоренцию. Очень быстро он обошел своего учителя.

Вторая история произошла много позже. Джотто было не меньше двадцати пяти лет, и он уже был очень известен во Флоренции и в ее округе. Про него прослышал папа Римский. Это был, скорее всего, Бонифаций VIII. Он посылает своего человека к Джотто с просьбой принести его работы, чтобы решить, позвать ли его расписывать Собор св. Петра. Этот человек проезжает через Сиену, берет там у местных художников их рисунки (для сравнения?) и оказывается во Флоренции у Джотто. Зайдя в его мастерскую, он просит у него рисунок для Его Святейшества. Джотто берет кисть и бумагу, окунает кисть в красную краску и рисует круг. Совершенный круг. Посланник папы ничего не понимает и спрашивает:

— Это всё?

— Всё, — отвечает Джотто.

Посланник решает, что Джотто над ним издевается, но отвозит рисунок в Рим.

Папа все понял и пригласил к себе Джотто.

В итальянском языке возникло даже основанное на этой истории шутливое выражение (эквивалент русскому «круглый дурак»).

* * *

Я расскажу вам связанную со мной смешную историю, как-то перекликающуюся с этой легендой.

Однажды я был с визитом в Принстоне, и один из лучших в мире матфизиков, Эллиот Либ (Elliott Lieb), попросил меня прийти к нему в офис и поговорить с ним о математике.

Я пришел и, отвечая на его вопрос, повернулся к доске и нарисовал на ней круг, нужный мне для ответа на его вопрос. Когда я обернулся к Эллиоту, он сидел, открыв рот, и молчал.

— Что случилось? — спросил я.

Он молча показал пальцем на доску. Я посмотрел на нее, но не увидел ничего, кроме своего круга, и снова повернулся к Эллиоту. Он произнес:

— Виталий, это совершенный круг! — И добавил: — Только совершенный человек может нарисовать совершенный круг!

(Последнее высказывание, возможно, принадлежит Рафаэлю; По крайней мере я слышал легенду об этом.)

Вот такая смешная история. Конечно же, я не согласился снова рисовать круг.

Эллиот не стер его. Он остался на его доске. Не знаю, на сколько лет.

***

Есть еще одна история, связанная с Джотто, которая мне кажется очень поучительной, и я хочу ее рассказать.

Во Флоренции, в церкви Санта-Кроче, несколько капелл расписаны Джотто. В одной из них есть стена, на который сохранилось лишь большое «пятно» с росписью мастера, остальная часть этой стены пуста. Джотто расписал всю эту стену, как и всю капеллу, однако сто лет спустя потомки тех аристократов, которые заказали ему роспись капеллы, решили, что мода на Джотто прошла. Они пригласили какого-то модного тогда художника, и он закрасил живопись Джотто! Лишь в XX веке случайно выяснилось, что за этими неинтересными рисунками роспись великого мастера! Мазню стерли, но неповрежденным остался лишь фрагмент работы Джотто.

Вот так! Погоня за модой!

Огюст Ренуар (1841–1919)

Что я могу добавить об этих великих художниках, создателях импрессионизма? Все уже изучено, обо всем написано. Однако есть легенда, которую я не могу сейчас найти в литературе (поэтому я и называю ее легендой, а не фактом) и которая в любом случае соответствует тому, что происходило во времена зарождения импрессионизма.

Итак, легенда. Импрессионистов не принимал официальный Париж. Их не пускали на Парижский салон, однако Ренуара приняла семья могущественного издателя Шарпантье. Есть несколько замечательных картин Ренуара, на которых изображены жена и двое детей этого издателя. Мадам Шарпантье поддерживала и продвигала Ренуара. В результате она добилась того, что какое-то число работ импрессионистов, включая Ренуара, было выставлено на Парижском салоне. Их работы разместили на последнем этаже здания, фактически на чердаке, где почти не было света (все мы знаем, как важен для работ импрессионистов свет). В то же время в основном зале нашлось место для одной картины Ренуара, и в день открытия Салона именно эта картина стала сенсацией! Около нее толпился народ, и поэтому уже на следующий день картину перевесили к остальным импрессионистам. Их неслучайно не принимали академики — они защищали себя (и своих покупателей) от импрессионистов.

Еще одно короткое замечание. Вскоре после этого случая мадам Шарпантье сумела добиться награждения Ренуара каким-то французским орденом. Ренуар мечтал о нем и решил принять его, однако он предвидел отрицательную реакцию на это событие со стороны Моне. Сохранилось письмо, которое Ренуар написал ему с просьбой простить ему слабость, простить то, что он принял этот орден.

Немного об искусстве Каталонии

В один из наших визитов в Барселону мы посетили музей каталонского искусства и были потрясены. В XIII–XIV веках его уровень был не ниже итальянского. Как же произошло, что мы ничего не знали об этом искусстве?

В тот же визит в Каталонию мы поехали в горы в один монастырь, где было много работ периода расцвета импрессионизма. И та же история: много замечательных художников, о которых мы ничего не слышали. Я задал свой вопрос кому-то из искусствоведов и получил интересный ответ: «Мы любим наших художников, мы поддерживаем их, и мы храним их искусство у себя». Итак, искусство каталонцев не продавалось и не уходило за пределы Каталонии. Оно оставалась в ней и поэтому никак не влияло на развитие европейского искусства.

Эффект чрезмерной любви. Я описал его в рассказе об Ире Рейхваргер. Мог бы я продавать ее работы, чтобы она стала известной? Нет. Я мог их дарить, но не продавать. Деньги, которые можно было за них выручить, были недостаточно большими. Это не могло не оскорблять меня.

Трем современным каталонским художникам — Пикассо, Миро и Дали — так сказать, повезло. Революции, войны, беспорядки в Испании и по всей Европе вынудили их бродить по свету и сделали художниками мира, а не только Каталонии.

ГРЕЦИЯ

$\mathbf{M}$ы с Людмилой часто посещали Грецию и провели там много времени.

Один из моих учеников, Тони Тсоломитис (Tony Tsolomitis), профессор университета на острове Самос, а также профессор Афинского университета Apostolos Giannopoulos, — мой коллега, соавтор и близкий друг. Мы написали с ним много совместных работ, и вторая совместно написанная нами книга выходит в этом году. В Греции я также хорошо знаком со многими другими математиками, но мой рассказ не о моих научных связях.

Я расскажу о трех островах Греции, которые по разным причинам произвели на меня огромное впечатление. Это Крит, Санторини и Самос.

Крит и Санторини важны для меня в связи с искусством, о чем я и собираюсь вам рассказать. Самос этой связи не имеет, но там родился Пифагор, и мы обсудим другого типа необычное явление, связанное с этим местом.

Крит

Мы много раз посещали Крит и однажды провели на нем два месяца. Причины для визитов всегда были научные, однако, конечно же, мы ездили по всему Криту и осматривали его достопримечательности. Несколько мест оказались для нас особенно интересными. Например, пещера Зевса. Она расположена на высоте 2,5 км над уровнем моря и добраться до нее тяжело даже сегодня. Ко времени нашего первого посещения этой пещеры хорошо асфальтированная дорога была доведена до отметки примерно километр либо два до входа в пещеру, но последние полкилометра-километр все равно были трудны, по крайней мере для меня в мои шестьдесят пять лет.

Легенда гласит, что в этой пещере скрывался от гнева своего отца только что родившийся и затем молодой Зевс. Но главный интерес для меня состоит в другом: сохранились точные записи известных паломников, посетивших эту пещеру еще в древнегреческие времена, и среди них Пифагора.

Площадка перед входом в пещеру очень маленькая, полметра в ширину. Смейтесь надо мной, но я чувствовал удовлетворение, стоя на том же самом месте, где стоял Пифагор. В точности на том же самом месте!

О нашем посещении мест, где родился Эль Греко, я уже писал.

Мы также горды тем, что сумели пересечь Крит от северной его точки до моря на южной (это, я думаю, 23 км). Конечно же, это был разработанный туристский маршрут, и тем, кто одолел его, выдавали специальную грамоту. (Опять-таки напомню: нам было за шестьдесят!)

Крит — место минойской или крито-микенской цивилизации. Цивилизация эта смертельно пострадала во время взрыва вулкана на острове Санторини 3600 лет тому назад. Возможно, центром этой цивилизации как раз и был остров Санторини, но о нем я буду говорить позже. Невероятное цунами прошло 110 км до Крита и смыло все на севере острова, включая Кносский дворец.

Для сравнения: порядка ста лет назад произошел взрыв островного вулкана Кракатау в Индонезии. Говорят, что звук взрыва обошел Землю, как и вызванное им цунами. Впоследствии обломки кораблей — океанских лайнеров! — находили в лесу почти в центре острова. Земля ушла там под воду на 70 м. Так вот, на Санторини земля ушла под воду на 200 м.

Древний город Кносс знаменит легендарным лабиринтом Дедала, где был заключен Минотавр. Археологический музей города Ираклион, столицы Крита, расположенного всего в нескольких километрах от Кносса, полон невероятно красивых и изящных предметов обихода, относящихся к этой древней цивилизации. Копии некоторых из них распродавались бы сегодня как замечательно сделанные вещицы.

Перед моими глазами до сих пор стоят, например, чашечки. Я не знаю, для чего они были предназначены, но я использовал бы их как лучшие чашечки для кофе, которые я когда-либо видел. Я не могу вам их показать, и связано это со спецификой археологии всей Греции.

Законы этой страны определяют, что все древние артефакты должны сохраняться в музеях того места, где они были найдены. Крит полон необычных и замечательных артефактов, и в каждом даже самом маленьком городке острова есть свой музей, полный интересных экспонатов. Это то, что нашли в его окрестностях. Фотографировать в музеях запрещено до регистрации новых находок в каталогах, которые можно купить. Однако издание книг о свежих находках отстает, я думаю, на десятилетия, так что мы могли только облизываться, глядя на эти замечательные «кофейные» чашечки и другую прекрасную то ли бытовую утварь, то ли произведения искусства.

Несколько лет спустя после того, как я увидел эти замечательные чашечки, мы снова побывали в том музее, но их в экспозиции уже не было. Не было их и в каталогах. На момент нашего первого посещения это были свежие находки, и, может быть, лишь сейчас, двадцать лет спустя, сведения о них попадут в публикации. (А ведь я мог бы их нарисовать...) К тому же периоду относятся росписи, которые можно увидеть в Кноссе. Они там очень интересные, но есть и менее впечатляющие. (Поэтому я думаю, что центром культуры прежде был Санторини, который считают исчезнувшей

Атлантидой, а вовсе не Крит.) Хотя, с другой стороны, некоторые из них впечатляют до состояния полного экстаза.

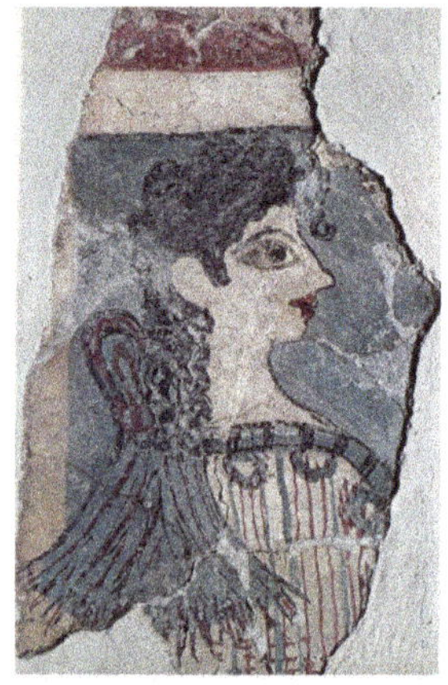
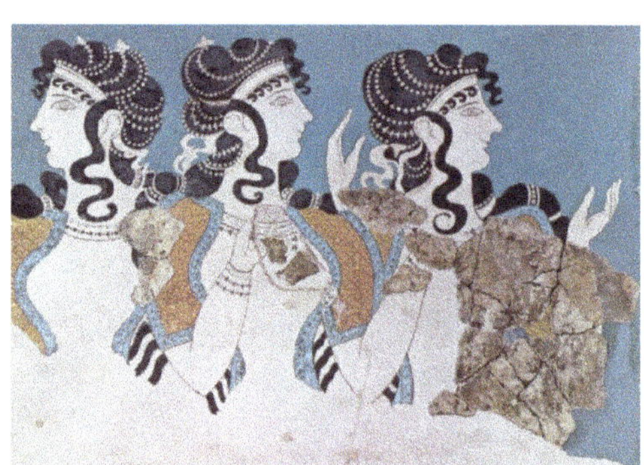

Перед вами один пример. Эти изображения относятся к периоду до взрыва вулкана, то есть ко времени примерно 3600 лет назад. Обратите внимание на изящные одежды и лицо женщины. Создается впечатление, что она принадлежала к другой расе. Она не выглядит как представительница какого-нибудь известного сегодня средиземноморского народа. Изображения других женских лиц, найденные на Санторини, которые вы видите на фотографии рядом, того же типа. А одежды, прически, ухоженность лиц — разве это не напоминает современные тенденции моды для женщин?

После смертельного удара цунами цивилизация острова Крит стала исчезать. Какое-то время после катастрофы археологи просто ничего не находили в этих местах. Приплывшие с Севера дикие племена (греки?) постепенно вытеснили остатки минойской цивилизации на юг острова, и через пятьсот лет уже никаких ее следов не осталось.

Вот я привожу еще одну фреску из Кносса. Обратите внимание на силу этих линий, на циркача на спине лошади. Это совершенно не египетская и не вавилонская культура.

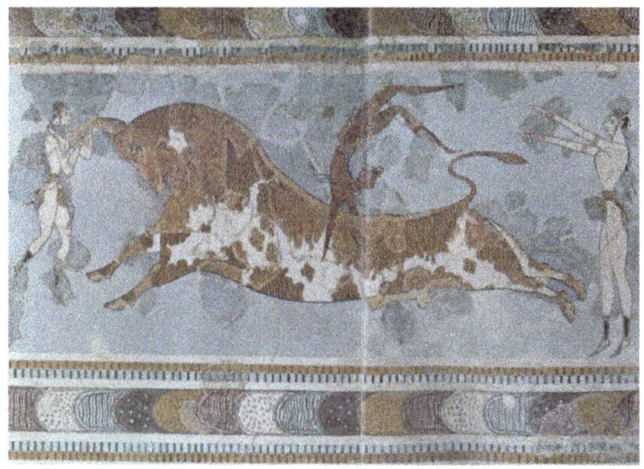

Пришедшие (приплывшие) с Севера племена находили в земле следы погибшей цивилизации. Они стали копировать их, а также по-своему преобразовывать. На этой благодатной почве вырастала новая культура. Примерно в VIII веке до нашей эры у нее уже были собственные замечательные образцы. Удивительное путешествие во времени — наблюдать этот переход.

Санторини

Мы только однажды посетили остров Санторини и всего на один день.

Рано утром мы покинули Крит и на корабле отправились на Санторини, пробыли там весь день и поздним вечером вернулись назад, на Крит. Путешествие в одну сторону длилось около трех часов, так что много увидеть на Санторини мы не могли.

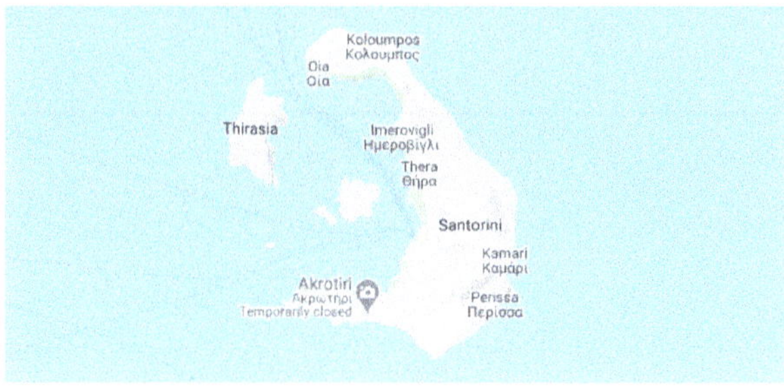

Выше я разместил карту архипелага — группы островов. которые когда-то были одним овальным островом. Самый крупный остров на карте справа — тот, на котором сейчас идет очень активная жизнь. Это и есть остров Санторини. Туда мы приплыли в город Тира (возможно, правильное произношение по-русски Фира). Небольшой остров в центре архипелага необитаем. Этот островок и сегодня действующий вулкан. Другой островок слева немножко заселен. Взрыв вулкана 3600 лет назад уничтожил все, никаких следов жизни на территории острова больше не было. Прошли пятьсот, а может, и тысяча лет, пока его стали заселять северные племена.

До семидесятых годов прошлого века здесь не было сделано никаких серьезных археологических находок. Считалось, что извержение вулкана уничтожило все, однако в середине семидесятых в горах, в районе, называемом Акротири, что на южном побережье Санторини, начали находить остатки, по-видимому, горной резиденции аристократии острова.

Конечно же, раскопки заняли десятилетия и продолжаются по сей день.

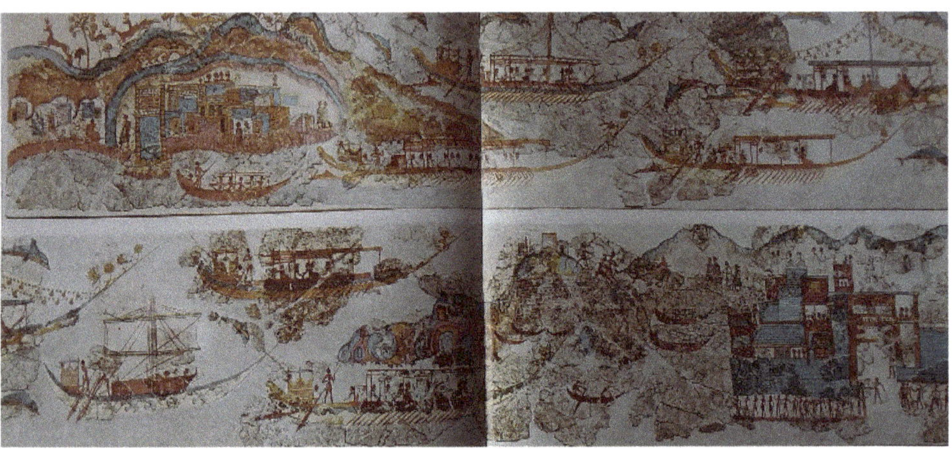

Но в 1997 году, когда мы посетили Санторини, уже было ясно, что найдено историческое место, о котором писал Платон, — так называемая Атлантида. Мы очень хотели побывать в районе раскопок, но желающих поехать на эту экскурсию оказалось недостаточным и ее отменили. Как вы скоро заметите, это не стало проблемой для нас. Потрясающие фрески с Санторини, к тому времени уже извлеченные из земли, мы увидели еще через год или два в главном музее Афин. Именно они подтверждают гипотезу, согласно которой археологами на острове была обнаружена Атлантида. Все то, что Платон описал о главном городе Атлантиды, есть на этих фресках. Судите сами:

Вот такие подробнейшие картины жизни — жизни в деталях. А вот индивидуальный рисунок:

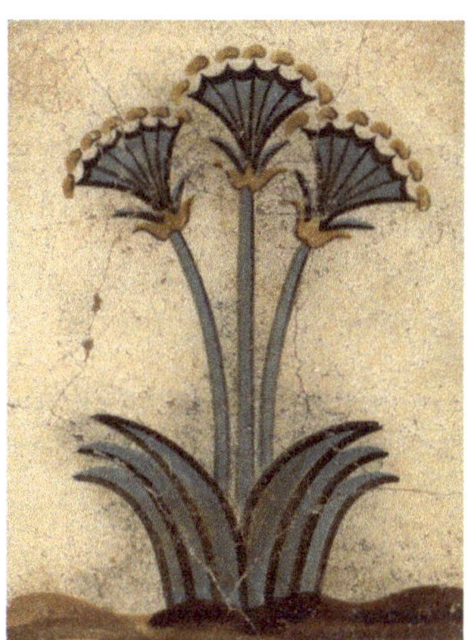

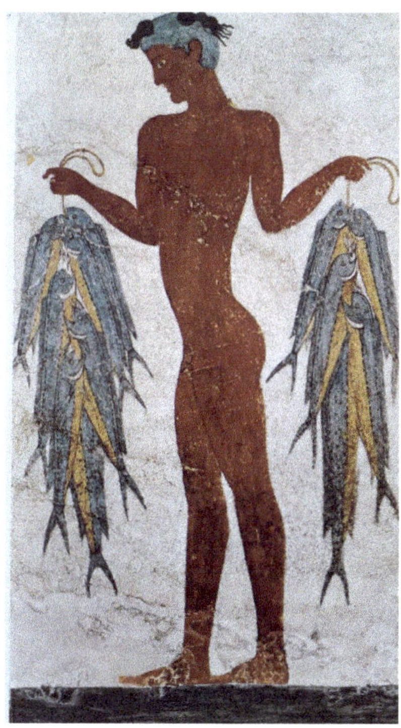

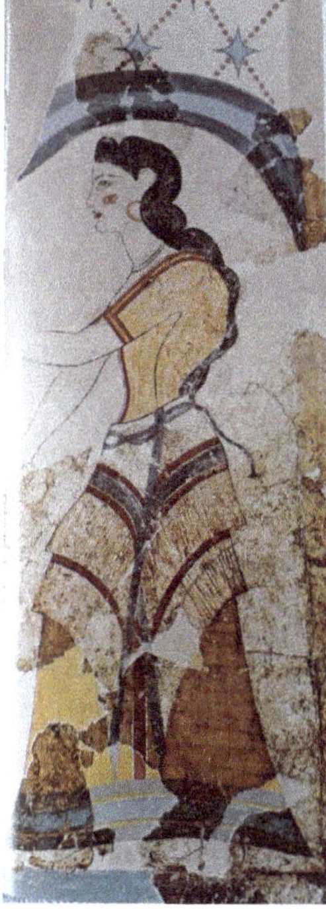

Я размещу фотографии еще двух фресок, чтобы показать вам этот невероятный уровень искусства.

Попутно я хотел бы поблагодарить людей, выложивших в Интернет невероятные фотографии, которые я привел в рассказе о Крите и привожу здесь, в рассказе о Санторини. К сожалению, я не знаю имен всех публикаторов, но фреска с изображением рыбака из Акротири (город Тира) воспроизведена в Сети Марком Кироном, а фреска с изображением госпожи из тех же мест — Марком Картрайтом. Моя глубочайшая благодарность им от имени широкой публики, которая благодаря этим людям может видеть чудо с Санторини. Я же был там и лично видел эти фрески.

Вы еще помните, что речь идет о времени за 1600 лет до нашей эры?

Себе я должен напоминать это каждый раз, потому что это ни с чем несравнимо, это не укладывается в моей голове. На фресках — дельфины и сцены их охоты за рыбами, сцены бегающих обезьян и многое-многое другое.

Кстати, то, что мы увидели все эти замечательные фрески в музее Афин, а не на Санторини, не нарушение правила, о котором я говорил, что все достопримечательности из раскопок должны храниться там, где их нашли. Просто на Санторини не успели для всех этих удивительных артефактов построить музей. Когда еще через несколько лет мы снова были в Афинах и посетили главный археологический музей города, оригинальных находок из Санторини в нем не было. Только копии. Все оригиналы уже были на Санторини.

Я закончу своей рассказ еще одной замечательной историей об этой цивилизации. Раскопки показали, что за какое-то время до взрыва на острове произошло сильное землетрясение. Интервал между этими событиями оценивается во много месяцев, может быть, даже в год. На разрушенных землетрясением домах успела прорасти трава, но жители не стали восстанавливать их. Они поняли, что близится катастрофа, поэтому собрали все ценное, что у них было, и ушли. Есть данные, что немногие люди еще какое-то время оставались на местах, но и они перед самым взрывом покинули остров. В результате во время раскопок не был найден ни один скелет человека или домашнего животного, за исключением одного скелета свиньи. Все оставляемое аккуратно сложено, все ценное взято с собой. (Кто был в Помпеях, сравните: там весь город был усеян трупами.)

Самос

Самос — остров в Эгейском море рядом с Турцией. На нем родился и долгое время жил знаменитейший математик древности Пифагор и еще много других великих ученых и деятелей культуры, например философ Эпикур, астрономы Аристарх и Конон, врач Эразистрат, скульпторы Генелей и Рекус с его сыном Феодором Самосским. Это удивительная концентрация умов для столь маленького острова (примерно 20 x 20 км).

Греция во многом островное государство, и у нее связанные с этим очень интересные законы. В Греции есть Университет Эгейского моря, и его факультеты разбросаны по разным островам. Естественно, математический факультет находится на острове, на котором родился Пифагор. Один из моих бывших учеников, Тони Тсоломитис, профессор математики в университете острова Самос.

На Самосе до сих пор ходят легенды о Пифагоре. Например, в каждой сувенирной лавке продается так называемая чашка Пифагора. Это вроде факт, что до своего отъезда с Самоса двадцатилетний Пифагор был барменом (на Самос он вернулся лишь сорок лет спустя). Так вот, будучи барменом, Пифагор придумал метод самообслуживания. Он изобрел такую чашку, при пользовании которой, если посетитель наливал себе вино выше специальной отметки, то все вино из нее выливалось и посетитель ничего не получал. Мы тоже купили себе такую чашку.

Самос — очень посещаемый туристами остров. В первый раз мы остановились около университета и того места, где жил Тони.

(Конечно же, на Самосе я посетил Тони, и даже дважды.) Как я впоследствии понял, это было большое везение. У нас не было там кафе, ресторанов и хороших пляжей, но мы обнаружили одно очень интересное явление: вкус продаваемых там овощей и фруктов был совершенно необычным.

Прежде персики с таким невероятно прекрасным вкусом мы нигде и никогда не ели. Я не могу его описать, но я помню его и сейчас, пятнадцать лет спустя. Моя жена тоже помнит его. Разные оттенки этого вкуса были у всего, что произрастает из этой земли, на этой почве — у винограда, у помидоров, у лука. Все имело этот немножко сладковатый необычный вкус.

Тони сказал мне, что островитяне здесь могут срывать со своих деревьев маслины и есть их. Обычно сорванные с дерева маслины есть невозможно — они невероятно горькие. Их очень долго вымачивают до начала использования в пищу. Но на Самосе картина другая. Этот же вкус можно почувствовать в сладком вине с этого острова, и какая-то французская компания по производству вина закупила здесь много тонн винограда, чтобы подмешать его к своему сырью. Впервые это случилось в тот год, когда я там побывал, но что-то произошло, и весь закупленный виноград перестоял (прокис). Не знаю, что было с этой затеей в следующие года.

Остров этот, Самос, конечно же, вулканический, а у каждого вулканического острова своя собственная почва. Извержения вулканов выносят наружу неидентичные породы. Возможно, почва острова уже истощилась и этих элементов в ней сейчас меньше, чем было 2000–2500 лет назад.

Но я возвращаюсь к началу, к тому списку бессмертных гениев, которых произвел на свет остров Самос.

Теперь пора объяснить, почему я написал, что в наш первый приезд мне повезло жить в нетуристическом месте.

Когда во второй свой приезд мы остановились уже в сугубо туристическом месте, мы сразу же побежали покупать фрукты, но были разочарованы: их вкус был обычным, не специальным, который мы так хорошо помнили. С нами был Тони. Он рассмеялся. «Откуда на нашем маленьком острове может быть достаточно фруктов и овощей для всех туристов? — спросил он. — Все это завезено с материковой Греции». На-греческом он попросил продавца всегда продавать нам местные продукты. Так к нам вернулся их необычный вкус!

(Я тогда шутил: если бы я был молодым, то занялся бы сельским хозяйством и получил бы Нобелевскую премию за открытие этого необычного вещества, извлекаемого овощами и фруктами из почвы Самоса.)

Последнее, смешное замечание о Самосе.

Мои греческие друзья рассказали мне, что фамилия Пифагор все еще бытует в Греции, но только на острове Самос. Ни одного Пифагора вне Самоса в ней нет. Тогда я предложил, чтобы наша математическая конференция, которая проходила в то время на Самосе, пригласила в ресторан островитян с фамилией Пифагор. «Виталий, мы это сделать не можем — их будет слишком много», — сказали мне. Так я и не встретил ни одного современного Пифагора.

27 апреля 2020 г.

Кортона и Лука Синьорелли

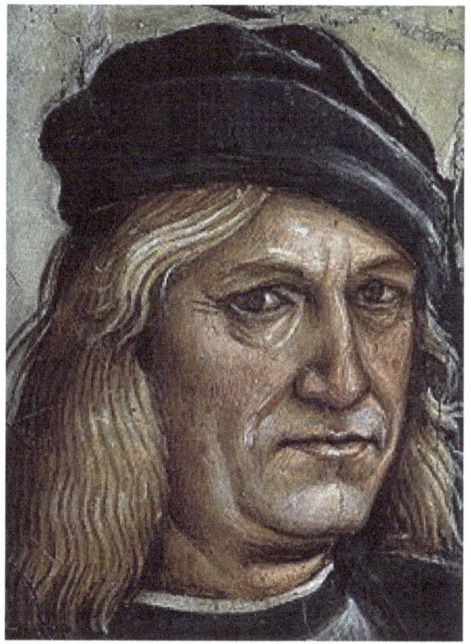

Автопортрет

В первые меня пригласили на конференцию в Кортону в июне 1995 года. В кругу математиков, которых я знал, никто не слышал о конференциях в Кортоне, поэтому я даже подумал, что, возможно, это первая конференция математиков в этом городе, хотя теперь я знаю, что конференции проходили там начиная с восьмидесятых годов.

Место это настолько замечательное, что о нем надо говорить отдельно. Легенды о Кортоне уходят во времена Ноя и утверждают, что его потомок, Крано, основал город на холме спустя 273 года после Великого потопа. Летописи уже определенно говорят об этом городе в VII веке до нашей эры, и мы знаем, что это был этрусский город, но меня интересует «всего лишь» XV век нашей эры. В этом веке Кортонский замок, в котором проходила конференция и в котором мы жили, приобрел сегодняшний вид. В том же веке в нем были написаны замечательнейшие фрески, в окружении которых мы слушали лекции.

Но сначала мы познакомимся с замком. Кортона — город, расположенный на холме километрах в двадцати от пересечения дорог Рим – Флоренция и Сиена – Ассизи. Замок, в котором теперь проходят конференции, находится примерно в двух километрах от городской стены. Во времена Ренессанса населявшая замок семья фактически владела Кортоной, и все лучшее, что было в ней, представлено в этом замке, например фрески великого художника того времени Луки Синьорелли (1450 – 16 октября 1523). Он родился в Кортоне и умер в Кортоне, в этом самом замке.

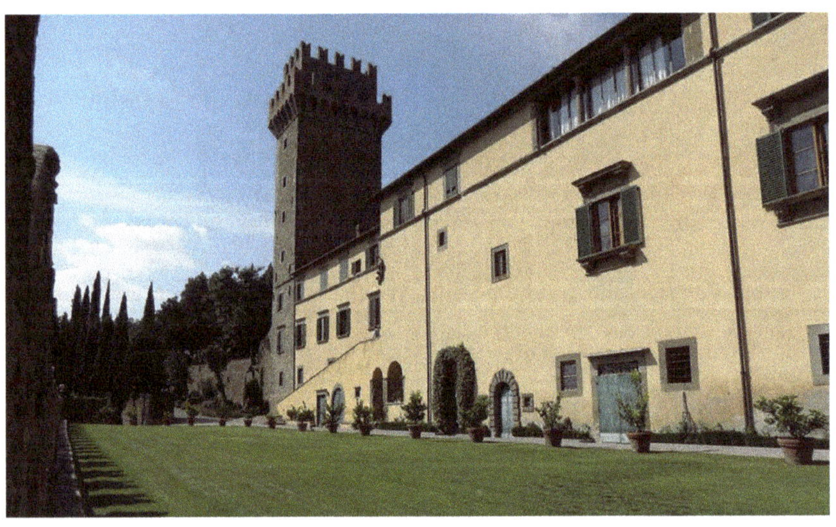

Замок (крепость) Палаццоне

На фотографии — вход в замок. Однако то, что вам видится как второй этаж, на самом деле первый, а то, что кажется первым этажом, — подвальное помещение, если смотреть на замок с противоположной его стороны. Зеленые ворота — это вход в помещение для лошадей, а диагональная линия от фундамента до второго этажа — лестница к входу в замок для его жителей (в прежние времена) и гостей (в наши дни).

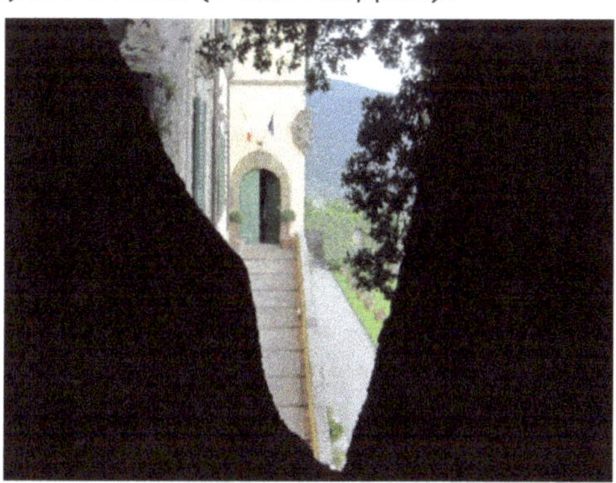

На фотографии я отдельно показываю «диагональ», ведущую к входу в замок. Это тот самый вход, сфотографированный меж двух деревьев. Зеленая дверь наверху лестницы — вход в маленькую часовню и через нее во двор замка. Эту часовню расписывал Лука Синьорелли (также прозванный Лукой из Кортоны), однако в процессе работы он умер, так что его роспись не была завершена. Перед самой смертью он расписывал потолок напротив входа. Я сейчас покажу вам фотографии этой росписи.

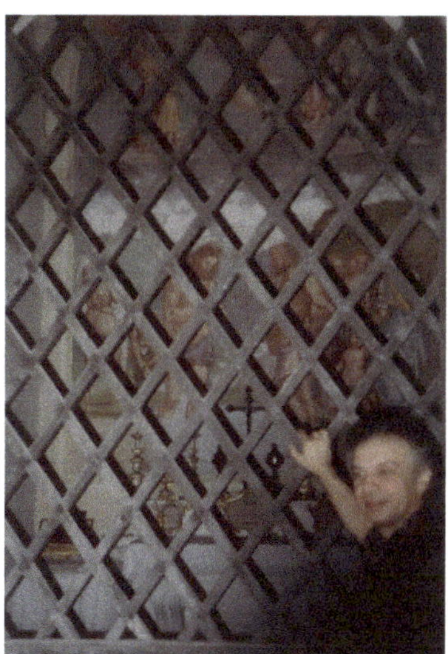

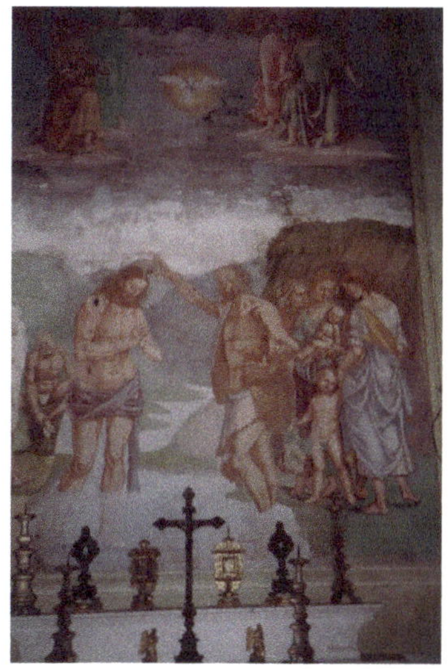

Вход в часовню преграждает вот такая решетка, но нам позволили войти внутрь, и мы сфотографировали расположенную напротив входа стену. Следующие две фотографии — это ровно то, что расписывал Синьорелли перед тем как упасть и умереть.

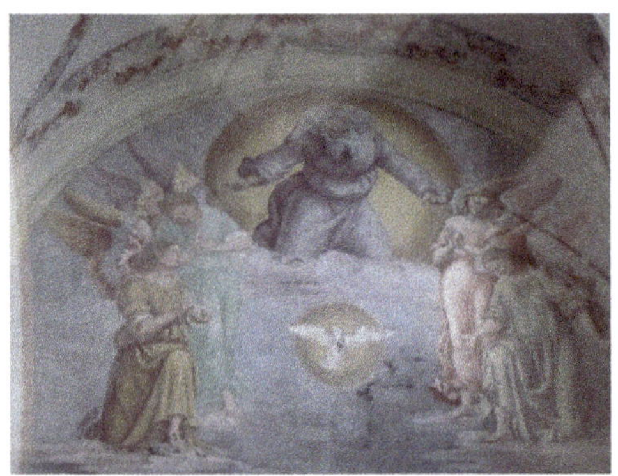 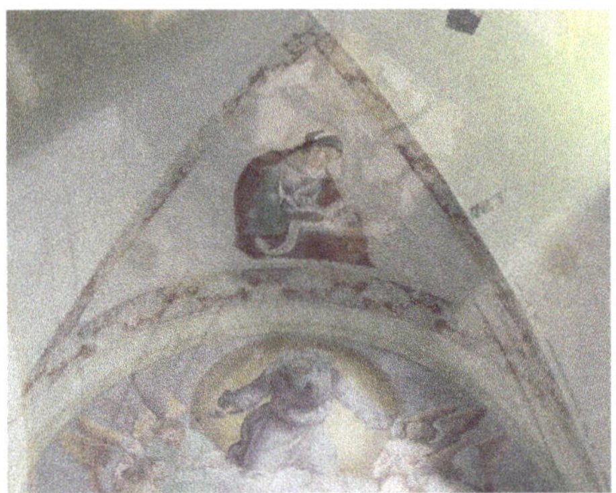

Каждый день мы по нескольку раз проходили мимо этой часовни, и образ Синьорелли всегда был перед нашим взором. Впоследствии во всех музеях, в которых выставлены работы Синьорелли, мы бежали его смотреть. Мы шутим, что он стал нашим родственником.

А вот дворик, в который мы попадаем из часовни. Дворик этот закрытый, вход в него только через часовню, и в центре его колодец. А это окно напротив выхода во дворик:

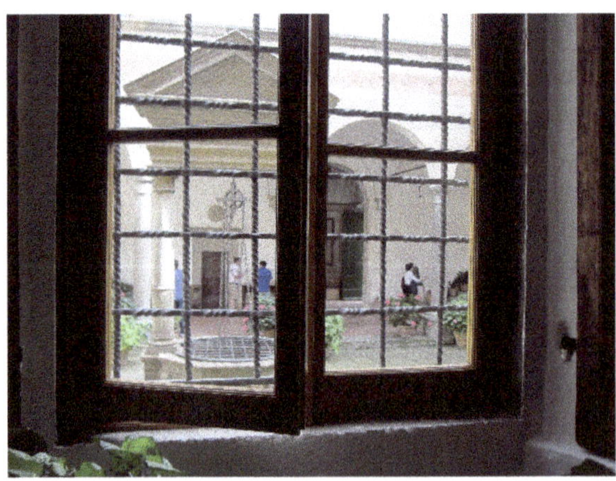

На следующих фотографиях — лекционный зал. Его единственное окно расположено напротив трибуны лектора. Я боялся делать доклад в такой красоте, но оказалось, что лекционный зал идеален: докладчик ослеплен светом, и росписи не отвлекают его, однако для слушателей источник света расположен сзади и фрески очень хорошо видны, так что присутствующим никогда не скучно: они могут слушать докладчика, а когда им неинтересно слушать доклад, они любуются живописью.

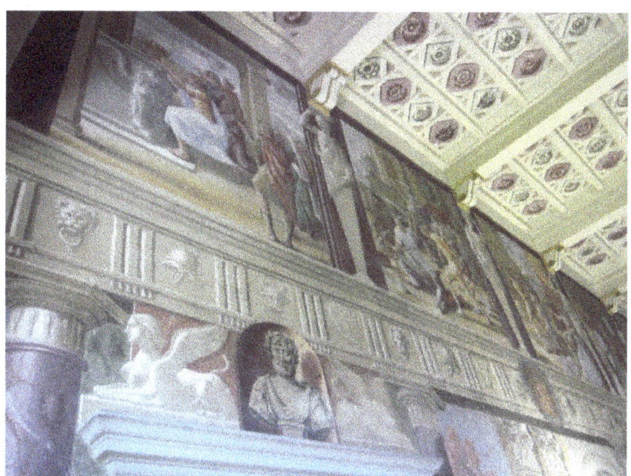
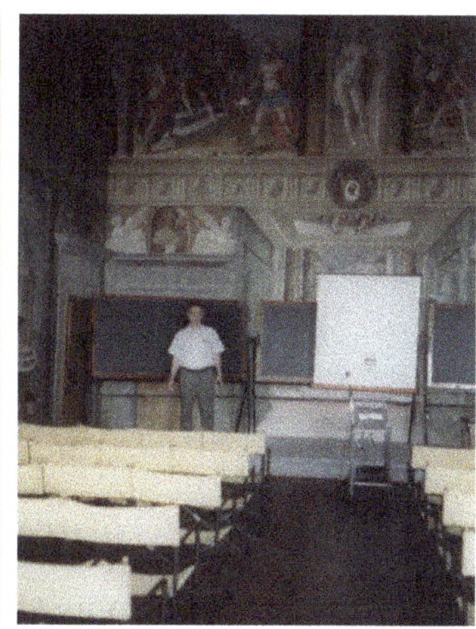
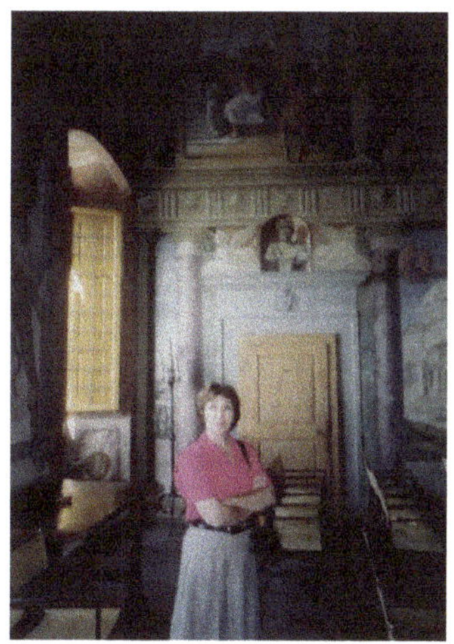
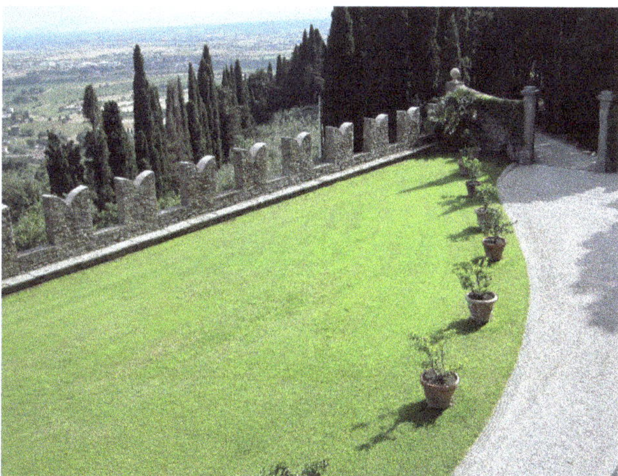

На левой фотографии Люда, стоя около окна, разглядывает фрески (вид из этого окна — на фотографии справа). Обратите внимание на дверь вдалеке, загороженную придвинутыми к ней стульями. Как говорится в сказке, дверь эта не простая, а золотая — за ней апартаменты графини (контессы), семье которой принадлежал этот замок.

Время рассказать, каким образом мы, математики, оказались в этом поражающем воображение замке.

В 1968 году наследный владелец этого замка и окружающей его территории, граф (конте) Лоренцо Пассарини, подарил их расположенной в Пизе Высшей нормальной школе. Причина подарка стандартна для Европы. Налог на наследуемое имущество даже для прямых потомков (детей) невероятно велик, и даже очень богатый человек не может позволить себе платить его. Есть и другие законы о содержании таких островков прошлого, под действием которых содержать их невыносимо дорого, и тогда владельцы их дарят — хоть в этом они, спасибо властям, имеют выбор. Высшая нормальная школа Пизы сдает это место для проведения конференций и разного типа собраний и школ. Наша конференция, я думаю, была одной из первых для математиков благодаря членам нашего научного сообщества профессорам Стефано Кампи (Stefano Campi) и Алеше Волчичу (Aljosa Volcic).

По условиям дарения, графиня могла жить в этом замке до самой смерти. У нее были небольшие апартаменты и садик за ними, так что вход, который я показал на фотографии, просто не был ей нужен.

Я участвовал в Кортоне в пяти конференциях (в 1995, 1999, 2003, 2007 и 2011 годах), но лишь в последний наш приезд мы сумели получить согласие графини посетить ее апартаменты, стены и потолки которых расписаны Лукой Синьорелли и еще одним художником того времени. Я думаю, этим художником был Джованни Баттиста Капорали из Перуджи. Он расписал много помещений этого замка, включая, по-видимому, наш лекционный зал. Он был другом Синьорелли.

Вот два фрагмента росписи этих помещений:

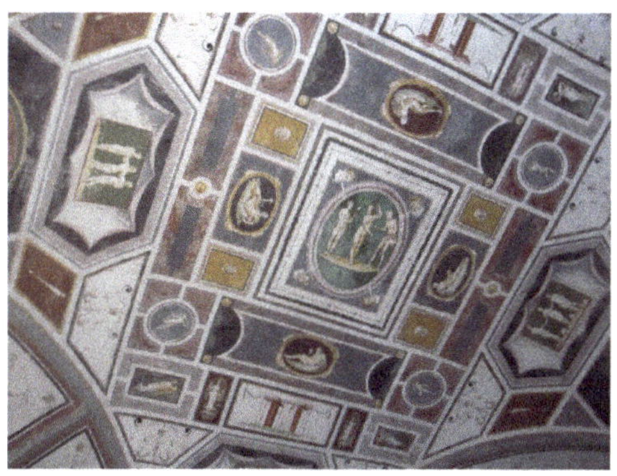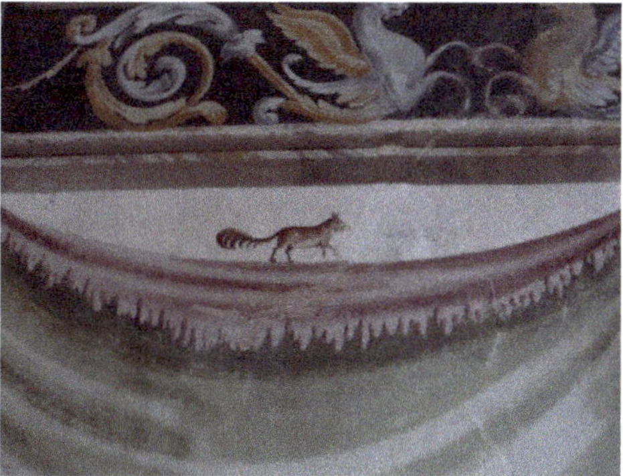

На левой фотографии потолок, на правой — небольшая неожиданная деталь, которых там очень много.

Несколько дополнительных замечаний о Луке Синьорелли. Есть мнение, что в 1460-х годах он был учеником Пьеро делла Франчески, но впоследствии основное влияние на него оказали братья Антонио и Пьеро Поллайоло, которые в 1470-х годах пригласили его во Флоренцию. В 1479 году Синьорелли избрался в Кортоне в «Совет 18» и всю оставшуюся жизнь был вовлечен в политику. Наиболее известные его работы — фрески со сценами Страшного суда (1499–1503) в кафедральном соборе города Орвието.

Я также хочу сказать еще несколько слов о городе Кортоне. Он миниатюрный и очень приятный. Однажды мы включили телевизор и увидели почти часовую передачу о нем. В центре небольшой площади какой-то очень известный оркестр давал концерт классической музыки. На всех ступеньках и улочках стояли люди. Как нам хотелось быть среди них!

И наконец о музее Кортоны. В этом малюсеньком городке потрясающий художественный музей! В нем большая коллекция работ Синьорелли, что, скажем, естественно. Однако в нем есть, возможно, лучшая работа фра Анджелико — огромная, яркая, замечательная! (Я прошу меня извинить: я знаю, что надо говорить Беато Анджелико, поскольку Католическая церковь причислила его к лику блаженных, но во всех европейских неитальянских книгах написано «фра Анджелико», то есть брат Анджелико, монах Анджелико, и я тоже написал «фра Анджелико», чтобы читатель понял, о ком идет речь.) Это алтарное панно «Благовещенье из Кортоны» кисти фра Анджелико.

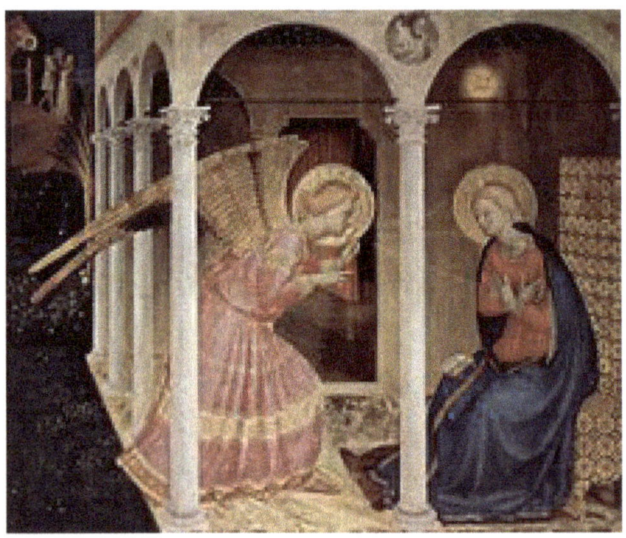

ПОСЛЕСЛОВИЕ

Почему я решил написать о Кортоне и Синьорелли? Конечно же, потому, что Синьорелли в этом городе умер, и я все время своего пребывания в Кортоне находился рядом с тем местом, где это произошло. На меня действуют подобные сантименты. Когда-то мы посетили могилу Ван Гога и комнату, в которой он умер. Тяжелые эмоции были очень сильны. В другой раз я посетил могилу Сутина, а также Пуанкаре. Странно, но эмоции у могилы великого художника (всегда с трагической судьбой) и великого ученого очень разные.

В противоположность я хочу привести пример возникновения сугубо положительных эмоций, когда пересечение с перехватывающей дыхание личностью было связано с жизнью человека, а не с его смертью.

Мне довелось жить в комнате, в которой несколько лет провел Гете.

Однажды я жил там целый месяц и еще несколько раз по неделе. Это было в Цюрихе, в небольшом особнячке, расположенном между математическими департаментами цюрихского университета и Высшей технической школы. Наилучшее расположение для меня! Я легко мог посещать оба департамента: до каждого было не более ста метров. Кроме того, это было совсем рядом с великолепным цюрихским Музеем искусств, а из садика близ «моего домика» открывались фантастические виды Нидердорфа.

Особнячок этот принадлежит цюрихскому университету и, как вы уже догадываетесь, был подарен ему по той же причине, по которой Палаццоне в Кортоне был подарен Высшей нормальной школе в Пизе: у наследственных хозяев этого особнячка не было тех огромных денежных сумм, которые предстояло платить за наследование и наследство.

Здание состоит из этажа вровень с землей и еще двух этажей над ним. Нижний этаж занимает несколько университетских офисов, а на последнем, втором этаже размещен музей Томаса Манна. Он тоже когда-то останавливался в этом особнячке, хозяева которого на протяжении веков были меценатами и, в частности, поддерживали писателей. На первом этаже когда-то располагалась большая библиотека. Эта просторная комната в прошлом была гостиной, ну а теперь это помещение для важных заседаний (такое заседание я наблюдал лишь раз за все время своего пребывания в Цюрихе, и с этим связана довольно смешная история). Кроме того, на этом этаже есть кухня и две гостевые комнаты. Мне довелось жить в обоих. Я не знаю, в которой из них жил Гете, но я поровну делил свое время между ними. Конечно же, мой друг и коллега, профессор цюрихского университета Ханс Ярхов (Hans Jarchow), позаботился, чтобы я поселился именно там. Должен сказать, что эмоционально такие вещи всегда оправдывают себя. Я очень много успел сделать тогда. Из административных событий в этом особнячке был создан журнал GAFA («*Геометрический и функциональный анализ*»), и аббревиатура GAFA тоже придумана там.

Одна, последняя смешная история. На входе в особнячок висели две таблички. Одна сообщала, что это музей Томаса Манна, а другая, как раз под моим окном, что в этом особнячке жил Гете, с датами, когда он в нем жил. Однажды в субботу утром я стоял у этого открытого окна. Семья — отец, мать и двое детей — торопились попасть в музей. В окне они увидели меня и впопыхах, показывая не то на дверь, не то на меня, спросили:

— Томас Манн?

Я ответил:

— Нет, я — Гете. Томас Манн этажом выше.

На мгновенье они остановились, открыли от изумления рты, ну а затем рассмеялись.

Русская икона

Некоторые из читателей первой версии этой книжки хотели бы больше узнать о том, о чем я в ней рассказываю. «То, что я спрашиваю, — написал мне мой друг, — совершенно тривиально даже для простого любителя, но я чувствую, что, читая твой текст, только еще становлюсь любителем искусства, так что напиши чуть-чуть больше». Простите меня, специалисты и любители, но я лишь немного добавлю про русскую икону.

Создание русской иконы — чрезвычайно интересный и сложный процесс. Я боюсь даже коснуться его, но об одном моменте, скорее психологическом, чем техническом, мне хочется рассказать. Но вначале одно замечание о цвете.

Выбор цвета в иконописи (и не только в ней) зависит от того, в какое состояние иконописец хочет привести «зрителя». Скажем, красный цвет вызывает чувство. обеспокоенности, тревоги, зеленый же, а также голубой, наоборот, успокаивают. У голубого цвета есть еще одна роль — подчеркивать святость. Но часто одна краска накладывается на другую, и вы глядите на зеленый фон, вы спокойны, но вот в вашем подсознании возникает беспокойство, потому что этот зеленый написан поверх красного. Пусть этот красный не виден, но он все равно прорывается наружу и, даже будучи невидимым, влияет на ваше настроение, вызывая тревогу.

Конечно же, фотографии икон, их репродукции ощутить этот эффект не позволяют.

Перейдем теперь к той ипостаси иконы, которая связана с русским характером.

В русском языке есть слово «мир». Богатство значений этого слова не сразу бросается в глаза. Мир — это, конечно же, спокойная мирная жизнь. Мир может быть (или не быть) между странами, между семьями и внутри одной семьи. Однако другой смысл этого слова — вселенная, универсум. Но у слова «мир» есть и третий смысл — община. Например, это значение отражено во фразе «мы пошли туда всем миром» или «на миру и смерть красна».

Эти три смысла в одном слове не случайность. Приглядитесь к русской иконе. В ней нет стандартной перспективы. Она написана таким образом, как если бы разные ее части писали с разных точек обзора. Например, Богоматерь смотрит на вас — художник стоит прямо против нее, — а ребенка она должна держать так, чтобы он мог видеть свою мать — деву Марию. Но лицом ребенок обращен к нам, то есть художник в то же самое время стоит по другую сторону от Богоматери и ребенок смотрит на художника. Создается впечатление, что картину одновременно рисуют два художника. Этот эффект наблюдается во всех фрагментах иконы.

Я открываю секрет: изображенное на иконе «событие» мы наблюдаем всем миром, то есть всей общиной. Богоматерь с младенцем видит множество глаз, и художник — один художник! — наблюдает и запечатлевает «событие» иконы глазами всей общины, глазами всего мира.

Вы также видите по периметру русской иконы небольшие квадратики-картинки, рассказывающие о том, что происходит на некотором расстоянии от центрального «события», потому что и там находятся представители общины (мира), к которой (к которому) принадлежит этот художник, и то, что они видят, тоже должно быть запечатлено. Это и есть общинное вИденье, вИденье всем миром. Этот подход отражает глубинную черту русского характера. В нем нет индивидуализма — наоборот, русскому человеку свойствен общинный подход, поэтому любое сравнение западного подхода к событиям и людям, в котором индивид стоит превыше всего, с российским подходом, в котором выше всего ценится община (мир) и ее (его) интерес, как минимум наивно.

Изучайте иконы: они столетиями создавались народом, они пришли из народа.

Заговорив об иконах, я просто не могу не сказать несколько слов о величайшем русском иконописце и живописце Андрее Рублеве, однако я боюсь говорить о нем — он для моего разговора о нем слишком велик.

Я вижу в нем Джотто русской живописи.

Андрей Рублев (годы его жизни известны приблизительно: между 1360/1370 и 1427/1430 годами) жил, писал иконы и создавал фрески на рубеже XIV и XV веков. От его работ, например в Третьяковской галерее, невозможно отойти. Я не могу отойти. Все в них великолепно, но особенно меня поражает пластика — пластичность фигур и даже всей композиции в целом. Если вы спросите меня, что я имею в виду, произнося слово «пластичность», я честно отвечу: не знаю. Я лишь надеюсь, что у читателя сейчас возникает то же ощущение, что и у меня. Как всегда бывает с настоящим искусством, репродукции не вызывают ощущения той же силы, что оригиналы. Я проведу аналогию. Русский балет также выделяется красотой пластики, пластичностью (опять-таки не спрашивайте меня, что я называю пластичностью; это мое ощущение, и я лишь надеюсь, что у вас оно такое же).

В 2003 году в Москве проходила большая конференция в честь столетия со дня рождения одного из величайших математиков России и мира — Андрея Колмогорова. Я тоже делал доклад на этой конференции. Нам повезло: для нас, докладчиков, были забронированы билеты на балет «Жизель». Один из моих московских коллег и друзей, профессор Борис Кашин, персонально пригласивший меня и мою жену в театр, обеспечил нас даже несколькими билетами.

Уже несколько десятилетий до этого, живя в Израиле, я не посещал балета, и спектакль стал для меня культурным шоком: меня поразили красота и гармония представления! То, что я называю пластикой, было во всем: не только в танце, но в его комбинации с музыкой, с декорациями. Моя жена Люда немало удивилась, видя, что я почти плачу от этой гармонии, от этой красоты.

Я думаю, эта пластика — часть внутреннего состояния русского народа.

Одно наблюдение всегда поражает меня, когда я сравниваю влияние Джотто на развитие искусства европейского Ренессанса и влияние Рублева на развитие русской живописи. Джотто изменил живопись. По мнению многих великих художников Ренессанса, он определил пути развития их живописи. Я ожидал бы аналогичного влияния Рублева на живопись в России, но ничего подобного не произошло. Причина этого, я думаю, совершенно тривиальная: легкость передвижения по своей стране итальянцев и отсутствие дорог в России. В Италии все художники ездили смотреть росписи Джотто, учились на них. А теперь подумайте, легко ли было передвигаться по России зимой в пургу, когда все покрыто снегом и не видно дороги? А весной либо осенью, когда эти дороги заболочены? Остается короткий летний период с риском застрять в какой-нибудь глуши на целый год. О работах Рублева говорили, о них по Руси шел слух, но какой-нибудь талантливейший самородок такого путешествия позволить себе не мог. Странные причины иногда определяют развитие искусства...

Сюзанна Валадон, ее сын Морис Утрилло и друг Анри Тулуз-Лотрек

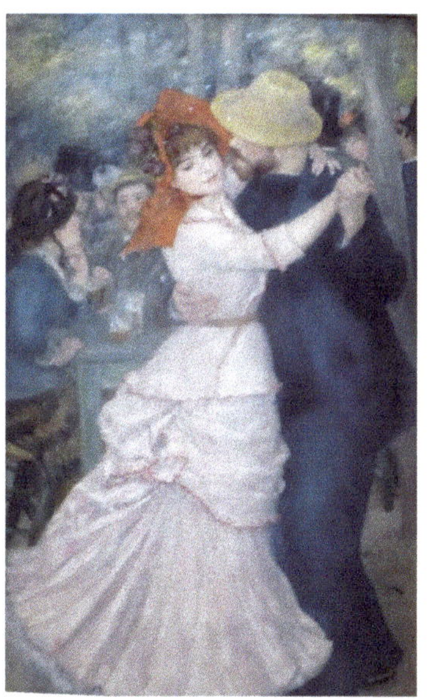

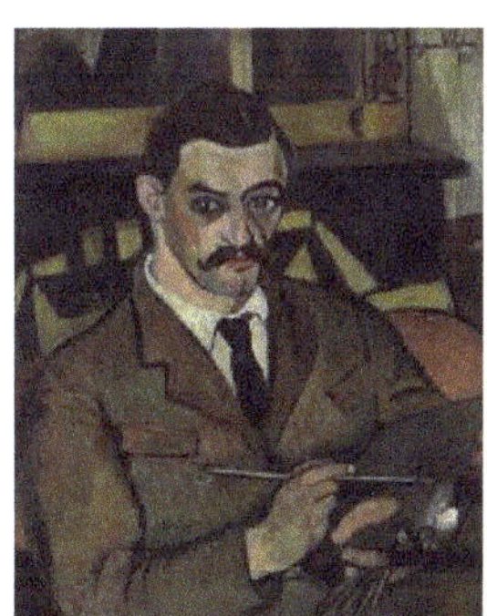

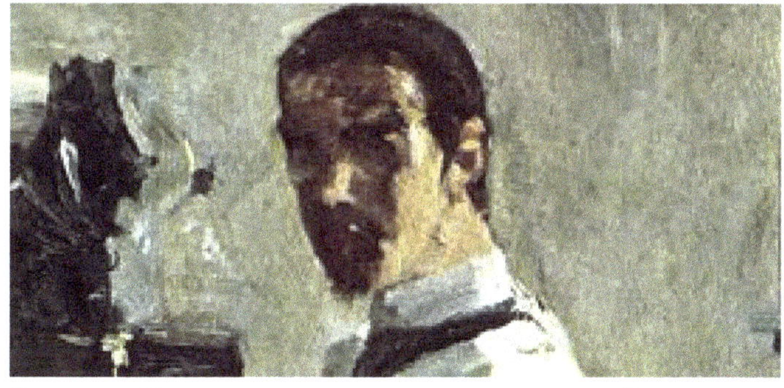

О картинах выше: Сюзанна Валадон в качестве натурщицы у Ренуара танцует, возможно, с его братом; ниже — портрет Мориса Утрилло, написанный его матерью Валадон, и затем автопортрет Анри Тулуз-Лотрека.

Однажды нам с Людой повезло: мы случайно наткнулись на странную историю, связывающую трех больших художников — Сюзанну Валадон, ее сына Утрилло и друга Тулуз-Лотрека. Впрочем, любая интересная история начинается с какой-то случайности.

Но вначале несколько слов о каждом из этих героев.

Жизнь Сюзанны Валадон (1865–1938) начиналась очень тяжело. Она росла с матерью, не зная своего отца. Мать была прачкой. Имя Сюзанны при рождении было другим — Мари-Клементин, но все звали ее просто Мари. Имя Сюзанна она взяла позже, когда стала подписывать свои первые работы. Я продолжу называть ее Сюзанной.

Сюзанна пыталась стать цирковой акробаткой, но как-то раз подвернула ногу, упала и на этом закончила карьеру циркачки. Чтобы заработать на жизнь, она с пятнадцати лет работала у художников натурщицей. В этом ей повезло: большинство их были замечательными художниками, например Огюст Ренуар и Мэри Кэссатт. Она наблюдала за их работой и понемножку училась у них. С раннего детства Сюзанна любила рисовать. Она рисовала всюду: на тротуаре, на всем, что попадало ей под руку, но, оказавшись в мире художников в качестве натурщицы, своих рисунков стала стесняться и никому их не показывала.

Тулуз-Лотрек появился в Париже в 1882 году, и один из художников рекомендовал ему натурщицу Сюзанну. Между ними быстро установились близкие отношения, и Сюзанна (все еще Мари) отважилась показать ему свои рисунки. Рисунки Тулуз-Лотреку понравились, и через какое-то время он привел Сюзанну к Дега, которому они тоже понравились и который начал учить Сюзанну рисовать. Легенда гласит, что, увидев рисунки Валадон, Дега сказал: «Она наша». Высшая похвала от такого нелюбителя женщин! Конечно же, Сюзанна у обоих была натурщицей и, по-видимому, любовницей («по-видимому» относится только к Дега — о ее отношениях с Тулуз-Лотреком известно и немало написано). Существует много портретов Валадон кисти Тулуз-Лотрека.

Он не изображал ее красавицей, как это делал Ренуар и другие художники, которым она позировала. Тулуз-Лотрек показывал ее характер — сильный, целеустремленный, скорее мужской, чем женский. Именно этот характер Сюзанны привлекал Тулуз-Лотрека. Вот один из созданных им портретов Валадон:

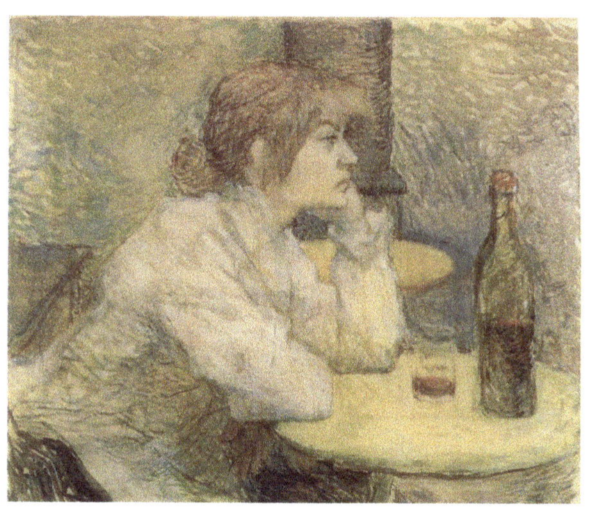

История, случившаяся лет через пять, закончила отношения Валадон и Тулуз-Лотрека. Я знаю минимум две ее интерпретации. Одна из них принадлежит Анри Перрюшо. Я не буду следовать ей в деталях. Как-то раз Сюзанна и ее мать спорили на кухне, и предметом спора был Тулуз-Лотрек. Сюзанна решительно произнесла: «Я хочу выйти за него замуж!» Через какое-то время она обернулась и увидела стоящего в дверях Тулуз-Лотрека. Они посмотрели друг на друга, Тулуз-Лотрек, не сказав ни слова, развернулся и ушел. Это был конец их отношений.

Перейдем к Утрилло. Он родился в декабре 1883 года (и умер в 1955-м). Кто был его отцом, неизвестно — Валадон никогда никому не говорила, кто этот человек. Это была ее тайна, которую она не хотела разглашать. Конечно, вокруг этой тайны ходило много анекдотов, но я не буду пересказывать их. До 1891 года мальчик носил фамилию Валадон, однако друг Сюзанны, испанский художник Микел Утрильо (1862–1934), сказал ей, что у мальчика должна быть другая фамилия, что у него хотя бы формально должен быть отец, и предложил на эту роль себя (и соответственно фамилию мальчика предложил заменить на свою). Нет никаких сомнений, что он не был отцом Мориса, но так возник Морис Утрилло! Я считаю эту историю замечательной. Благородство иногда оплачивается. Я имею в виду, что оно хорошо оплачивается! Микел так и не стал знаменитым художником, но его имя, Утрильо (Утрилло), благодаря его благородству вознеслось на Олимп!

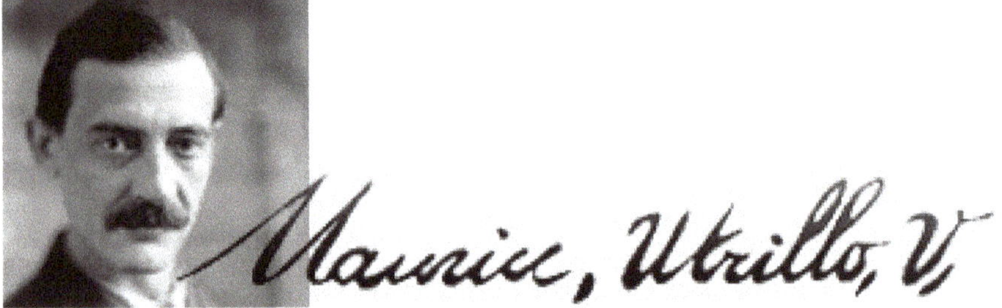

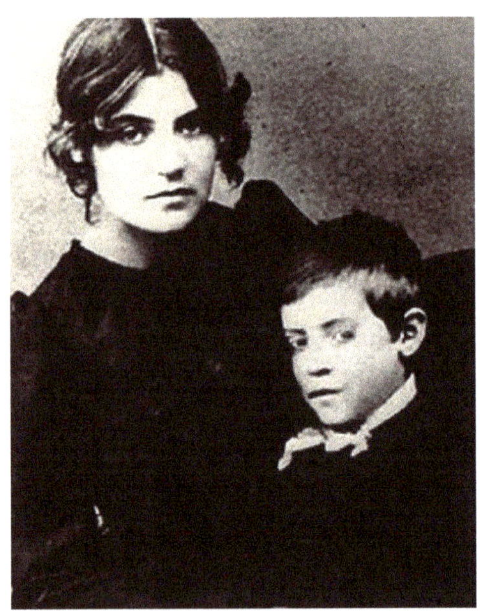

У мальчика Валадона-Утрилло было тяжелейшее детство. С юных лет он был зависим от алкоголя и много лет провел в психиатрической клинике в пригороде Парижа, городе Саннуа. (С перерывами это длилось десять лет. Здание клиники превращено теперь в Музей Утрилло.) Все детство Мориса им занималась бабушка. Молодому человеку был двадцать один год, когда его мать решила занять его рисованием и живописью. Она лишь немножко поучила его — талант Мориса оказался невероятным! Сюзанна присылала ему в клинику открытки с видами Парижа, и Морис писал по ним картины. Именно тогда живописные парижские улочки стали главным предметом интереса Утрилло, а «открыточный» стиль картин — центральным в его творчестве. Впоследствии Морис писал картины уже на улицах Парижа и был безусловно признан как художник. Вторая половина его жизни отмечена успехом и благополучием.

О Тулуз-Лотреке много говорить не надо: его знают все. Может быть, я позволю себе лишь одно маленькое замечание. Конечно же, он происходил из очень богатой семьи. Однажды мы посетили его родовой замок в Альби, неподалеку от Тулузы. Семья превратила его в Музей Тулуз-Лотрека. Музей этот полон его работ, и, не побывав там, понять всю силу и разнообразие работ этого художника нельзя. Опять-таки богатая семья не нуждалась в продаже его картин, и основная часть его наследия находится в замке. В этой истории стоит лишь напомнить, что юного Тулуз-Лотрека мать привезла в Париж в 1882 году.

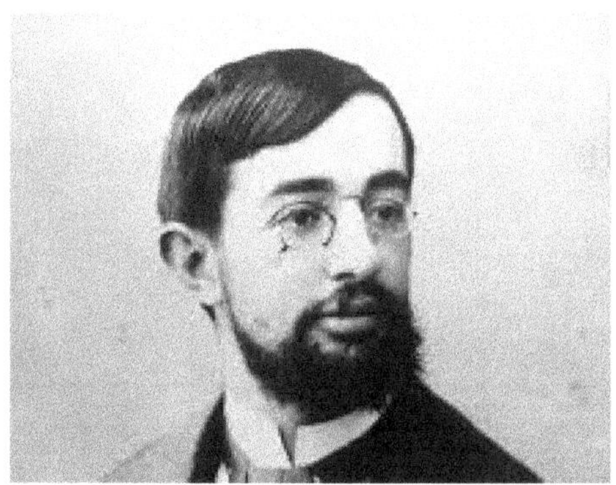

Теперь наша история. В начале двухтысячных годов мы посетили Музей Утрилло в Саннуа. Мы были там с нашими друзьями из Парижа — конечно же, математиком, Жаном-Мишелем Бисмутом (Jean-Michel Bismut) и его женой Анализой. В музее проходила большая и очень интересная выставка работ Сюзанны Валадон и Мориса Утрилло. Наше везение состояло в том, что мы попали на эту выставку совершенно случайно: мы наивно полагали, что работы этих художников в музее находятся постоянно. И вот среди многих работ мы увидели портрет Тулуз-Лотрека, написанный Валадон. (Я где-то читал, что она не писала его портретов, но все мы помним тот портрет на выставке.) Там же был портрет Утрилло, тоже написанный Валадон, и изображен ее сын был примерно в том же возрасте, что и на ее портрете Тулуз-Лотрек. Нас поразило сходство лиц! Она-то, Сюзанна Валадон, знала, кто отец ее сына, Мориса Утрилло, и его сходство с Тулуз-Лотреком не могло быть случайным. Фотографировать временную выставку было нельзя, а открыток с портретами у музея не было, но для меня и моей жены мистика отцовства Утрилло (почти) закончилась. Мы в этом уже (почти) не сомневаемся.

Об авторе

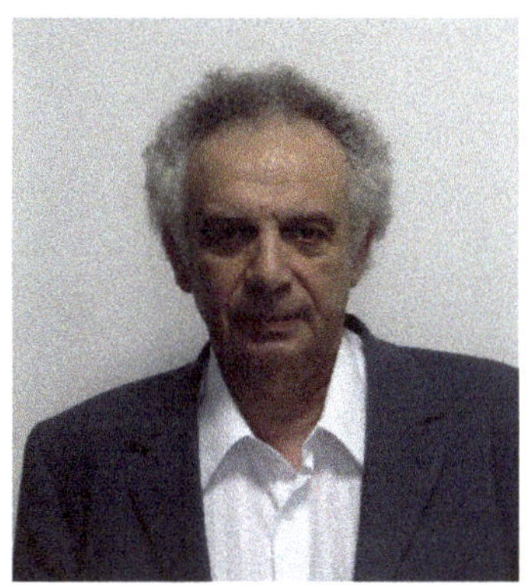

Виталий Мильман — известный математик, автор пяти монографий и более двухсот научных статей, главный редактор одного из лучших в мире математических журналов GAFA и лауреат множества научных премий.

По случаю семидесятилетия со дня основания Государства Израиль (2018) Milner Global Foundation назвал семьдесят ученых—граждан страны, которые внесли революционный вклад в свои области знания. Виталий Мильман назван в числе этих влиятельнейших израильских ученых.

Виталий Мильман — коллекционер произведений искусства. Миновав восьмидесятилетний рубеж, он решил записать несколько историй о своей жизни и своем увлечении. В этой книге он описывает впечатления и наблюдения, вынесенные им из встреч с искусством и его творцами. Она предлагает читателю уникальный взгляд ученого-математика на мир искусства.